僕の古代史

我が国の真実を追う

橋本正浩
Hashimoto Masahiro

幻冬舎

僕の古代史

我が国の真実を追う

プロローグ

五十歳を過ぎた頃から漠然と「古代史」に興味を持ち始めた私は、出張の行き帰りの新幹線車内や、飛行機の機内で古代史関連の本をいろいろ読んでいるうちに、徐々に古代史の世界に引き込まれてしまいました。

六十四歳で会社勤めをやめた私は、早速、漢和辞典や古語辞典をそろえて、先ず古事記の原文を読み始め、続いて日本書紀の原文も読みました（原文は、古事記：日本古典文学大系、日本書紀：天理図書館所蔵卜部兼右本による）。いずれも白文化しての通読でしたので、一応の現代文訳をし終わるのに私としては五年以上の歳月が必要だったのです。

その中で、それぞれの現在解説されている内容とどうしても異なっている解釈しかできない事例が多くあり、現在の通説といわれている我が国の古代史そのものに対する不信感が芽生えました。

それ以来、十六年間自分なりにテーマを決めてこつこつ考察をしてきましたが、今回、それらをいったんまとめて本にしてみようと思いたったのです。

本書の内容は、恐らく教科書や市販されている古代史関連本とは異なった主張が多いとは思いますが、私が十六年間真実を追究した結果として受け止めていただけましたら幸いです。

さて、極東に位置する我が国に最初に人が住み始めたのは、約二万年前の港川人（旧石器人・沖縄）、だといわれています。

その後、約一万六千年前頃から、土器文化の花を開かせた縄文人（新石器人）が列島各地にその爪痕を残しています。

五千年ほど前の青森の三内丸山遺跡は縄文人の長期定住が見られる遺跡として特に有名です。

又、新潟の長岡市馬高遺跡出土の火炎土器は、その芸術性の観点から見ても、我が国が誇る縄文土器文化の結晶でしょう。

我が国の考古学は、その祖といわれているE・Sモース（アメリカ人：動物博士）によって一八七七年に発見された縄文時代後期（三、四千年前）の遺跡である、大森貝塚から始まったといわれ、以来次々に、各地で遺跡の発掘が続いています。

佐賀の菜畑遺跡から、今から三千年ほど前の大規模な水田跡が発見され、この頃（ＢＣ10世紀頃）から我が国に稲作の文化が入ってきたようです。

稲作は列島の全国に広がっていき、人口も大幅に増大し、紀元前（ＢＣ）4～5世紀の頃十万人にも満たなかった列島の人口がＡＤ5世紀頃には百五十万人にもなったようです。

今から約二千年前のＡＤ1世紀からＡＤ3世紀にかけて、当時倭人の国といわれた我が国の北部九州の小国家や連合国家が大陸の漢や魏と交流していたことが、中国の歴史書である後漢書や魏志倭人伝に書かれています。

一方、千七百年ほど前のＡＤ4世紀頃から列島と半島の一部に特異な形状の墳墓、前方後円墳が広く造られるようになりました。

このＡＤ4～5世紀頃、我が国を「倭國」と名乗る、倭国王を中心とした「地方分権国家」が国際社会の舞台に登場したのです。

しかし、その前方後円墳の築造も千三百年ほど前に終焉して、「地方分権国家」から天て、百六十年ほど前に明治維新を迎えました。

皇中心（中央集権）の「専制的律令国家」へと転進し、約九百年前からの武家政治を経

ます。

古文書の中から、どうやって客観的事象を拾い集めて整理するかということだと考えてい

古代史研究とはなんであるかを考えた場合、私は、多くの遺跡の解析と、多くの主観的

資料を目にすることができます。これら中国の古代の対外資料は重要な客観的資料である

幸いに我が国の隣国の中国は古くから文字文化が発達して、その古代の多くの対外関係

と考えております。文明・文化並びに国力が周辺諸国より際立って優位であった彼らが周

辺国に関する記録をねつ造することなどは考えにくいことから、それらの記録のうち、我

が国に関する部分は概ね我が国の客観的事実として認識できるものと思われるのです。

私は千三百年前以前を主に古代史研究の対象と考えています。

目次

プロローグ　2

第一章　地方分権国家としての隆盛

一．「みやけ」　10
二．任那（みまな）　27
三．國造（くにのみやっこ）　35
四．中国の史書から見える我が国の古代　52
五．倭国誕生・大王（おほきみ）による地方分権時代　55
六．前方後円墳を考える　57

第二章　中央集権国家を目指して

一．中央集権国家へ　82

二．二頭政治の時代　85

三．「乙巳《いっし》の変」・二頭政治の終焉　119

第三章　唐との戦いと敗戦

一．孝徳帝による中央集権政治の始まり　126

二．中大兄皇太子（天智帝）による唐との戦い　128

三．唐軍の九州侵攻　131

第四章　倭国から日本国へ

一．敗戦後の我が国　145

二．九州と近畿に地名の類似が起きたのはなぜか　148

三．天武帝による古事記編纂の狙い
「近畿発祥の倭（ヤマト）王朝の創出」　156
四．日本国の誕生と日本書紀の編纂
「近畿発祥の日本（ヤマト）王朝の創出」　160

第五章　古事記・日本書紀創作の証拠

一．倭國造とは何？　172

エピローグ　181

第一章　地方分権国家としての隆盛

一．「みやけ」

この古代史は、先ず、稲作の広がりに併せて全国に広がった、古代社会の基盤と思われる「みやけ」の解明から始めたいと思います。

今、世の中には「みやけ」として「宮家：皇族」、「三宅：名字」が認知されていますが、我が国には二千年以上前から「みやけ」があったようです。それは今では想像もできないものの名称として、です。「みやけ」という言葉は、我が国の基本的「経済単位」として、政治や社会生活の中に深く根ざした言葉だったのです。

古事記・日本書紀で「みやけ」と読まれているものは「屯倉（みやけ）」と「官家（み

やけ：「宮」ではなく「官」ですから普通に読むと、つかさのいえ）」の二つがあります（以下、古事記は記、日本書紀は紀又は書紀と表記することがあります）。

風土記では他に「御宅」などや「郡家」、「正倉」を「みやけ」と読んでいます。

「屯倉」は垂仁紀に「彌夜氣・みやけ」と注が付けられていますが、「官家」は日本古典文学大系新装本（以下、大系本）が「みやけ」と読んでいます。

古事記の「渡屯家」も「みやけ」と読んでいるようです。

「屯倉（みやけ）」の初見は

書紀では垂仁天皇の時に、「来目邑（きめむら）に屯倉（みやけ）を興した」とあります。

また、記紀共に次の景行記（紀）でこの天皇の御代に（諸国に）田部（屯倉）を作った（定めた）とあります。田部というのは、そこで稲作りをする民とその土地を意味しています。

記紀の編者から見て、田部・屯倉は相当昔からあったという認識が読み取れます。我が国の古代史においては、「屯倉（みやけ）」は「国家制度としての直轄領」という解説があります。

従来の大系本の解説では、『「屯倉（みやけ）」は御宅・屋舎・倉庫の敬称、郡家・正倉・私的な荘園を表し、書紀に出てくる屯倉は、「国家制度としての朝廷の直轄領だが、郡家や私的な荘園も（ミヤケ）と呼ばれていた」』と述べられています。意味が広範で漠然とした解説です。

それでは、本当に「国家制度としての屯倉」があったのかがこれからの話の始まりです。私の疑問は、国家制度であったかどうかにとどまらず、そもそも「国家が先か屯倉（みやけ）が先か」なのです。

書紀には景行天皇が諸国に「屯倉」を置いたとあります。「景行天皇」はどちらかといえば昔の天皇であり、かなり広範囲の日本をその指揮下に置いていたとされていますから、この、屯倉は昔からあちらこちらに「あった」可能性を示唆しています。

しかし、「景行天皇（AD70～130年頃に推量されている）」が「創作された天皇」の認識に立つと、この「作られた・定められた」の「作った・定めた」主体が「天皇」であるという記述には疑義があります。どういうことかといえば、景行帝の事績を精査すると何人かの事績がまとめて書かれているとの分析もあり、一人の王としての存在が疑われるのです。

即ち、天皇が出現する前から「みやけはあった」可能性は否定できないのです。

書紀には、国家制度として屯倉が組み込まれていたとする考えに矛盾する記述も多くあります。

ずっと下って、孝徳紀に「中大兄皇太子が百八十一箇所の屯倉（みやけ）を天皇に差し出した」とあります。これは皇族とはいえ「中大兄」一人が持っていた屯倉の数です。決して「朝廷・国家」の持ち物ではありません。もしこの百八十一の「屯倉」が朝廷のものなら、そもそも天皇に献上する必要はないのです。

又、「伊甚の屯倉」や「廬城部の屯倉」等、献上された「みやけ」は「天皇」のものではありません。安閑紀で「伊甚の国造の大麻呂が春日皇女に伊甚の屯倉を献上」して、贖罪にした。とあり、廬城部連キコユが「廬城部屯倉」を献上したともあります。これらを従来は、「献上された所領を朝廷が屯倉とした」と解釈しているようです。
「所領や田部を献上し、それを屯倉とした」とあれば従来説のとおりですが、そのようには記述されていないのです。これらは、朝廷以外にも屯倉を所有していた者がいたことを物語っています。又、継体紀で、継体と戦って敗れた磐井の息子の葛子が「糟屋の屯倉」を差し出すことで命乞いをしたことになっています。これも、書紀の書き方とすれば、継体は朝廷側ですから、もともと朝廷のものである「屯倉」を差し出すこと自体論理矛盾になってしまいます。

但し、この「糟屋の屯倉」については後述しますが、ここでいう「みやけ」以上の意味がありそうです。

朝廷の直轄領であると固く信じている人々が、従来説のような漠然とした解説を作り出したと思います。

それでは、「みやけ」って一体何?

「みやけ」は収穫した稲をしまっておく穀物倉庫のことだったと思います。

「みやけ」という言葉は我が国の言葉であることは明らかです。すると、我が国の言葉の「やけ」は「屋＋笥（け）」、「屋」は「建物」。「笥」は「はこ・入れ物」という意味ですから、「屋笥（やけ）」で「倉庫」のことです。「屋根」が「屋＋嶺（ね）」で「建物の上を覆っている部分」の意味になっているのと同じです。頭の「み」は「実」が有力です。稲の実です。ですから、「実屋笥（みやけ）」で「穀物倉庫」の意味だと考えられるのです。

即ち、縄文時代から古墳時代に至る間に我が国に到来した、稲作を中心とする社会の出現によって環濠《かんごう》集落が形成されたことは、遺跡の発掘から明らかです。低湿地の稲作水田地域で、共同体の人々は収穫した稲を貯蔵する高床式の倉庫を造ったと考えられています。

これが「みやけ」の本来の姿と思われるのです。

「みやけ」を定義する

「みやけ」とは「我が国に稲作が普及した当初に造られた、環濠集落内に、環濠の外の田で収穫された穀物などを収納するための穀物倉庫のことです。豪族の時代においては、その首長が徴収した穀物を収納した倉庫が豪族の屋敷内にあることから、部民達から「御宅」と呼ばれたところと思われます。又豪族にとっての「みやけ」は「徴税倉庫」即ち「支配の象徴」であり、六・七世紀頃には意味が拡大されて所領的ニュアンスでも語られていた所」となります。

即ち稲作後の我が国では「みやけ」が社会基盤の最小単位だった考えられます。又一方で、一つの「みやけ」の区域は、「くに」といわれ、「里・郷・国」の漢字が当てられています。古来の多くの我が国の地名は、この「みやけ」の呼び名だったようです。

「みやけ」は今でいう里、郷に当たる一定の地域を表し、そこの民が、一つの社会を形作っていて、国という表現をされていたようです。

私たちは古郷に帰ることを「クニに帰る」と言いますが、その名残でしょう。その「クニ」には首長が生まれ、近隣の「クニ」との争いや合従連衡《がっしょうれんごう》を経て、大きな「クニ」を作ったり、又消滅したりしたことでしょう。有能な首長は、周囲の「みやけ・クニ」を取り込んで、より大きな「みやけ・クニ」を形成した場合も多々あったようです。

この、一定の地域（クニ・所領）としての「みやけ」という単位は、しばしば「価値ある物」として、献上されたり、下賜されたりしているのです。

これらの「価値」を生み出しているのは言うまでもなく、そこで貯蔵されている穀物とそれを生み出している民と土地です。その「みやけ」の支配者は、その収穫物を他の物品と交換できますし、多くの人びとをその支配下で養うことができるのです。

即ち、ここに至って「みやけ」は生産物のみならず、それを生産する土地と民全ての支配の名称であるとともに、「所領の価値」の単位を表すように迄なってきたのです。

孝徳紀で、前述した中大兄皇太子が天皇に差し出したとされている「屯倉（みやけ）」の数が百八十一ですが、これは倉庫の数ではなく、「屯倉（所領）」の数と思われます。

庶民には関係の無い「屯倉」の文字

さて、各風土記では、いずれも「御宅・三宅」と書いて「みやけ」と読んでいます。

本来、「御宅・三宅」は「みやか」（「宅」は「やか」）なのですが、長の「御宅（みやか）」に「みやけ：徴税倉庫」が在ったことから、音が近いこともあり、慣習的に「御宅・三宅」を「みやけ」と読むようになったようです。

播磨国風土記の飾磨郡の記述に、

> 飾磨御宅と云う所以は、大雀天皇の御代に、人を遣りて意伎（おき）・出雲・伯耆・因幡・但馬の五つの国造等を喚（め）したまひき。是の時に、五つの国造、即ち召の使を以て水手（かこ）とし、京に向かひき。此を以て罪とし、即ち播磨国に退けて、田を作らしめたまひき。此の時に作れる田は、即ち意伎田・出雲田・伯耆田・因幡田・但馬田と号（なづ）く。即ち、彼（そ）の田の稲収納（をさ）むる御宅（みやけ）は即ち飾磨御宅（しかまのみやけ）と号づけ、又、賀和良久三宅（かわらくのみやけ）と云う（「播磨国風土記」沖森卓也氏・佐藤信氏・矢島泉氏編著）。

風土記は各地に伝わる地名や風俗に関する由来や旧聞を報告させたものですから、そこには、その地方の民の言葉や意識が記されています。ここでも「御宅・三宅：みやけ」が「穀物倉庫」と書かれています。

播磨風土記の説話は、飾磨御宅・賀和良久三宅に意伎田・出雲田などと呼ばれる田域があったことから、後付けで作られた説話でしょう。

しかし、風土記には「屯倉」の文字が全く見られません。

我が国の各地で「正倉」の遺跡が発掘調査されていますが、全て七世紀末から八世紀初頭以降のものと言われています（大橋泰夫氏「古代社会に於ける法倉の研究：平成二十四年三月」）。我が国での、国郡制の施行の基に新たに郡家を定め、従来の「穀物倉庫」としての「みやけ」を、新たに「正倉（みやけ）」として造営を始めたのです。

風土記の場合は、それが八・九世紀以降のものであるために、正倉（院）の造営によって、「屯倉」という言葉が死語になってしまった、とも考えられます。しかし、それでも風土記の昔の記述の中に「屯倉」の表記が一件もないということは、以前から民衆の間で「みやけ」は「穀物倉庫＝御宅（豪族の屋敷）」であって、そもそも「屯倉」と表記するという意識がなかったことが考えられるのです。

尚、「御宅」は、最後は「郡家」に置き替えられ、それも「みやけ」と呼ばれるようになり、出雲国風土記では「正倉」の文字が使われていて、これも「みやけ」と読まれています。

即ち、所領としての「屯倉」は「郡家」に置き換わり、「穀物倉庫」としての「みやけ」は「正倉」に置き換わったのです。

「正倉」になって初めて「みやけ：正倉」が国家制度としての位置を占めたのです。

誰が「みやけ」を「屯倉」と表記したのでしょうか

書紀に書かれている以上「みやけ」を「屯倉」と表記した人がいることになります。「屯倉」は古代中国では「くらいれ」と解釈されています。水運で米を運んで倉に入れることです。中国では「行為」を表す語彙です。しかし記紀の「屯倉」は特定の名詞です。穀物倉庫という意味では通じるものがありますが、我が国の場合の「屯倉」はおそらく水運とは特に関係はないでしょう。

この表記をした人はきっと漢字文化圏の人（当時の中国人等）に「みやけ」を理解してもらうために、「屯倉」の字を当てたのです。記紀の記述の中に、警備のための兵の配置はどこにも書かれていませんが、「穀物倉庫」に警備の人がいたことは想像に難くありません。「屯」の意味は「兵を集めて守備警戒する・守り」です。ですから「屯」の字を当てていることからも、この倉庫は兵で守られていた可能性があります。「穀物を沢山集めて貯蔵していて兵で守っている倉」というイメージです。それは「支配者」の物というイメージです。

そんなわけで「みやけ」に「屯倉」の文字を当てた人は我が国の高級官僚だったと思います。

さて「みやけ」を「屯倉」と翻訳した時期ですが、決して稲作が始まってすぐの頃とは思えません。最も新しくて記紀の編纂時が考えられます。或いはさかのぼって、国史を書き始めた時が考えられますが、その時期を確定することは困難ですし、国書を魏に送った卑弥呼の時代までさかのぼることも考えられます。いずれにしても漢字が通用していた時代です。

このように、「みやけ」という言葉は、本来、単に「穀物倉庫」を表す我が国の土着の言葉だったのですが、時代と共に出世した「鰤（ぶり）」のような言葉だったのです。

「みやけ」と「くら」

さて、我が国には貯蔵場所として「くら」という言葉があります。屯倉（みやけ）も「倉（くら）」の字が当てられています。

稲作が我が国で始まった頃の、比較的高地の集落では収穫物の貯蔵のために穴が掘られていました。低湿地の集落では、穴を掘ると水が出てしまい、収穫物の貯蔵ができませんが、比較的高地の集落では、もっぱら穴の中に梯子で降りて行って貯蔵したようです（板附け遺跡など）。

「くら」は「磐座」・「位・座居」など、神を迎える所から来たとか、物を納めておく棚の意から来たともいわれていますが、むしろこの穴倉が「くら」の語源ではないでしょうか。「暗し」という形容詞の語幹の「くら」です。

ですから、環壕集落の時代、低湿地の穀物倉庫は高床式建物の「みやけ」、比較的高地の穀物倉庫は穴倉の「くら」だったのではないでしょうか。その後、「穀物倉庫」の主流は、その機能性や雨対策などから、高床式の「みやけ」になっていったものと思われますが、「みやけ」という言葉の意味が「首長の屋敷」の代名詞として使われるようになると、「くら」という言葉の方が「物を入れておく所・藏」を表す言葉として定着していったものと思われるのです。

王権による「みやけ」の奪取

書紀では、「子代を立て、亦屯倉を置く」という表現が出てきます。これは何を意味しているのでしょうか。

子代（その領域と、そこで働く田部の民や、そのための倉庫である「みやけ」を含んでいる権力者の所領と考えられます）や屯倉（みやけ）は、そこが新たに開墾したものでなかったとしたら、これは「大王（天皇）」が実力で、その長から奪い取ったことを意味しています。それ以外に考えようがないのです。しかし、従来から、書紀の記述通り「子代を立てた」り、「屯倉を置いた」り、という行為に対して、何の違和感や疑問を持たず、天皇の領地の一部に名を付けて、後世にその名を残すためのものであったとしています。

しかし、書紀を読んで、我が国の農民が全て、「国から土地を分け与えられていた」という主旨の記述は孝徳紀の大化二年以前にはありません。

ですから、子代を「立て」たり、「屯倉」を「置い」たりした、ということはその大王（天皇）が力で勢力を拡大したことを意味しています。

「立てたり・置いたり」で何事もなかったように記述しているのは、日本全国全て天皇の統治下であったという日本書紀の主張の表現なのです。

この「屯倉」を含む、「子代」や「部」を建てることは、影響力の行使であり、勢力の拡大を意味していたと思います。

安閑紀に多くの屯倉を定めた記述があります。これは、王権の強化と見ることができます。各豪族の所領を、次々と献上させて（或いは奪取して）中央集権国家としての体裁を整えてきた時期と言えます。この後、蘇我氏中心の時代の、冠位十二階や十七条憲法など、官僚による中央集権統治が始まるのです。

「みやけ」は後世、食封・封戸・戸口（ヒトへ）等の名称で下賜され、又、更に下っては、石高制として封建領主に配分された領地の初期の姿だったのです。

「おおやけ」の語源は「みやけ」？

一方、本来の倉庫の意味である「みやけ」は七世紀末から八世紀初頭にかけて、正倉（凡倉・法倉）などに作り変えられてきたようですが、「凡倉」は「正倉」ともいわれた、標準的な倉です。しかし、「法倉」というのは「正倉（凡倉）」の中でもひときわ大きなもので、律令国家の威信を示し、地方支配を支えるために造営された（大橋泰夫氏、前出）といわれ、各地の十棟を超える倉を建てた正倉院には一から三棟のひときわ大きな法倉が造営されたといわれています。

この法倉は「飢饉等に備え、稲穀を収納し、高年者・貧民・難民救済に使われた」（大橋泰夫氏）とあります。

風土記では「正倉」を「みやけ」と読んでいます。すると「法倉」は「おほやけ（大きなみやけ）」と読むことになり、我が国の「おおやけ」の語源はここにあったのかもしれません。

「官家」は「みやけ」ではない

「官家」を「ミヤケ」と読む根拠は、欽明紀六年九月の条等に「彌移居・ミイキ」という表現があることや、風土記などで郡家と思しきものを「宅・御宅・三宅」と記述していることから来ていると思いますが、欽明紀のものは「ミイキ・御息」で「天皇の子息」という意味で「内官家」の倭国語の表現でしょう。決して「屯倉」と同じ機能を意味しているものではないと思います。「官家」は「官（つかさ）の家」ですから、これは「役所」に他なりません。これを同じ「みやけ」と読むのには抵抗を感じます。

尚、書紀の解説で、孝徳紀の大化元年の記述にある「以百済國為内官家」の「官家」を「屯倉」と同じ意味であるとしていますが、これは「（我が王室の）身内（の政治機関・國）」の意味で、けっして「屯倉」と同じ意味ではありません。支配の象徴としての「屯倉」イコール「官家」としてこの言葉を使ったというのであればうなずける部分もありますが、残念ながらそうは書いていません。この内官家の表現は、神功皇后摂政前紀十月の条に「故因以定内官家屯倉」とあります。これは「そこで（それら・新羅・高麗・百済を）身内の国として屯倉（所領）と致しました」という意味です。この書紀が書かれた時代には「屯倉」が「所領」とほぼ同じ概念でとらえられていたと思われます。

「みやけ（穀物倉庫）」はこのように、縄文末期の「稲作開始」以来、みやけ（高床式穀物倉庫）・屯倉（御宅）・郡家・正倉（国家制度）などと呼称表記は変遷しましたが、一貫して稲作中心の我が国の経済基盤として認識されていました。

二．任那（みまな）

「みやけ」と並んで、古代史ではっきりさせなければならないのは、一般に余り理解されていない「任那・みまな」の意味でしょう。

　現在でも任那に関する歴史資料としては、日本書紀と宋書など一部の大陸の記録によるものしかありません。そこで、書紀の記述の中から、任那に関する文章を抜き出して、それを内容別に分類することによって（帝紀順や年代順を無視して）任那の実態に迫る試みをいたしました（整理ノートは省略）。

その結果わかったことは、書紀編纂の当時になって初めて、当時の我が国の官僚や書紀の編纂者達が、

「昔、倭国の影響下に、任那という地域が韓半島に存在した。それは新羅や百済と同様に、我が国と交流があった。それらの国と我が国との関係は、彼らが毎年我が国に対して朝貢をしてくる、我が国優位の関係だった、という実態が、半島出身者からの情報で認識できた」

と思われるような構成で書かれています。

即ち、継体紀の百済系の編纂者によって、韓半島内での知識を基に記述された任那の実態を当時の日本人が初めて知ることとなったように書かれているのです。他の書紀の記述から、当時の王朝に、任那成立の経緯や実態の伝承がなかったとは思えず、むしろ、編纂に当たっての参考文献の中に、その頃を記述したものが含まれていたとしても、それを無視したものと思われるのです（この意味は後ほど明らかになります）。

いずれにしても欽明二年秋七月の条で、百済の聖明王が、先祖の速古王（四世紀中頃の即位）・貴首王の時に、任那諸国の旱岐（王）達と誓いを立てあって、お互い仲良く、連合国家として倭国の天皇（当時は大王）に仕え、強敵（高句麗か）を防いできた、とあり、又、継体二十三年の条や、欽明二十三年の条に見られるように、韓半島南部の小国と、新羅、百済による、我が国主導の軍事同盟的色彩の強い連帯組織が四世紀中頃に成立し、その後に、新羅と百済を除く国々を任那と称したのは事実と思われます。

継体六年十二月の条で麁《あら》鹿《か》火《ひ》の妻の言葉の中に「（任那諸国は）海表の防御の衝立」という表現もあります。

これが出来上がったきっかけは、我が国による韓半島南部の軍事的制圧で、時は、新羅と百済が成立した後であることから、四世紀後半から、五世紀にかけてと思われます。物部麁鹿火の妻や、勾大兄皇子の発言から、この時期を書紀の応神天皇の時期と見ることもでき、古事記の応神天皇記にも新羅・百済との交流の記事があります。

四世紀後半から五世紀の初めは、南朝の宋書等に現れる、倭の五王と呼ばれる王たちの時代の始まりです。「倭の五王」というのは、四一三年から五〇二年にかけて「倭国王」

として中国南朝に朝貢したと、中国の歴史書（宋書など）に記述されていますが、我が国の古事記・日本書紀にはその記述がない、我が国の五代にわたる大王（讃・珍・濟・興・武）のことです。

そしてこの任那が存在した時期が、ちょうど倭の五王の時代に当てはまっているのです。

古代研究者の江上波夫氏（『騎馬民族国家』の著者）は四世紀から六世紀にかけて、古墳への馬具の埋葬が顕著であるとしています。

これは、応神を倭の五王の王朝の始まりの頃の大王に模したと見ることができるのです。おそらく倭国が、高句麗以南の韓半島の全ての地に対して、軍事的な優位性を持っていた時期があったのでしょう。紀ではこれを神功皇后によるとしていますが、これは魏志倭人伝の影響と考えることもできます（神功皇后を卑弥呼に模した可能性もあります）。

このとき我が国は、それらの国々の王位を承認し、その代わりに我が国の政府機関を置くこととしたと、継体二十三年の条で、任那王（加羅王？）のコノマタカンキが述べています。

われわれは現在、高句麗の広開土王碑によって、再三再四、倭国が韓半島内で高句麗と戦っていたことを知っています。そしてこの四世紀末の時代は、我が国の倭の五王が出現した時代なのです。

一方、倭人伝には、「その北岸狗邪韓国に至る」とあることから、紀元前後に半島の南部に倭人と同種の人々が住んでいた国があったのも事実で、これが後の加羅国等でしょう。「倭人伝」というのは西晋の陳寿による「三国志の魏志」にある「東夷伝・倭人の条」の通称です。

おそらく倭の五王の時代は、自らを都督と名乗っていたことから見て、中国に朝貢していた国として、中国の統治形態を熟知しており、国の統治に対する考え方が強かったと思われ、それまで小国が分立していた倭人の国々を纏《まと》め上げ、國造等を置いて羈縻統治《きびとうち》をしたのはこの時代でなかったかと思います。そのときに半島の国々をも、任那（ニンナ）として羈縻統治したと思われるのです。

羈縻統治というのは、「中国の王朝が周辺の弱小民族に対する支配政策として、その有力者を懐柔し自治を許して間接統治したこと」と広辞苑にあり、「羈縻」は馬・牛の鼻綱で、（使役する）という意味と諸橋大辞典にあります。
ちなみに、「任那」の「那」とは、諸橋轍次氏の『大漢和辞典』によれば、中国における西夷としての国名であったとあります。「冉駹（ゼンボウ）」という一族のことであり、漢の武帝によって中国の版図に組み入れられたとあります。一方、「那」には、「多い」という意味もありますので、これらから、「任那」は、「委任した西の方の蕃国達」と読めます。このことからも、この命名が、いかにも南朝に朝貢していた、倭の五王の王権によるものであることを物語っているように思えるのです。又、訓読みのミマナとは、御（ミ・大王の）マナ（可愛い子たち）という意味でしょう。

さて、この軍事同盟が衰退して行ったのは、新羅や百済の国力が増したことや、以前のような高句麗の南進圧力がなくなったこともあるでしょうが、官家に派遣されていた倭国人と我が国の実力者の間での利権追及の結果と思わせる記述が継体紀などに散見されます。これは我が国の王権の衰退（群卿といわれるものたちの台頭）とも歩みを同じくしているのではないでしょうか。

秦韓・慕韓

宋書等に見られる安東将軍・倭国王の都督としての管理範囲に、倭・新羅・任那・加羅・秦韓・慕韓の六国とありますが、任那と加羅を分けているのは、加羅の国力が他に抜きん出ていた（或は倭国にとっての重要度が高かった）ためと思われます。この管理範囲に百済が入っていないのは、百済が宋に直接朝貢し、将軍として認められていたからでしょう。ちなみに秦韓・慕韓は、秦韓が新羅の北西で、もともと辰韓（秦韓）といわれた地域の新羅を除いた地域で、慕韓は慕州といわれた平壌あたりの地域を指すと思われます。新羅・百済と高句麗の間の地帯です（或は、高句麗の領土内）。

これを都督の管轄下に入れることにより、中国の南朝が高句麗の南進を認めていない証しとし、又、倭国の高句麗との戦いの正当性を主張したのです。即ち高句麗を除いた韓半島全体から、百済・新羅を除いて、その他の地域の北の部分を秦韓・慕韓とし、南の部分を任那と呼んだようです。

欽明二十三年春正月の条で、新羅が任那の官家（安羅の倭府：紀では日本府）を打ち滅ぼしたとありますが、この事件はおそらく聖明王の没後と思われ、六世紀の前半のことでしょう。

舒明九年三月二日の条に次の記述があります。これは上毛野君形名将軍が蝦夷に敗れ、兵にも逃げられ、本人が逃げ出そうとした時に、妻が言った言葉としてあるものです。

「なんと情けない、蝦夷に殺されそうになるなんて」と嘆き、夫に「貴方の先祖は青海原を渡り、万里を越えて水（海）表を平定し、強大な武力で統治し、後の世につなげてきたのです。今、あなたが敗れて屈してしまえば、先祖の名が、まさに後世の笑い者になってしまいますよ」（著者訳）

任那のまとめ

以上の考察から、次のことが言えると思います。

1　任那は四世紀後半から六世紀の中頃にかけての約二百年弱存在した、韓半島南部の諸小国の、倭国王配下の連合体の呼称。

2　百済・新羅とこれら諸小国家群で、倭国を中心とした同盟関係を作り、高句麗の南進に備えた軍事同盟があった。

3　それら諸国を統括するために倭府（紀では日本府）を安羅に置いた。

4　各小国家には政府機関（官家）を置いて倭府とそれら政府機関に倭国から役人を派遣していた。

5　任那を組織したのは倭の五王の王朝の時代。

6　任那（ニンナ）とは委任した蕃国達という意味で、訓読みのミマナはミ（御・大王の）マナ（可愛い子達）という意味と思われる。

三．國造（くにのみやっこ）

さて、次に解明しなければならないのは、古代の我が国の各地にいたといわれている

「國造（くにのみやっこ）」です。記紀にも「國造」という言葉が沢山出てきます。

そこでこれから「國造」と、同じような意味で記述されている「稲置（いなぎ）・縣主（あがたぬし）」などと併せて考察してみます。

先ず、國造本紀にある、記述を見てみることにします。

「國造本紀」というのは「旧事本紀」という、主に物部氏・尾張氏の系図を中心に述べられている九世紀初頭に成立したと考えられている歴史書（国史ではない）の巻十のことです。神武帝が「東征に功績のあったものを褒めて、國造に定められた。また、逆らうものは誅し、縣主を定められた。これが國造、縣主の由来である」とあります。

ここでいう「東征」というのは「神武東征」のことで、日向にいた「イワレヒコ尊（後の神武帝）」が我が国を治める良いところはどこかと考え、九州から瀬戸内海沿岸を攻め上って、奈良の磐余に王権を立てたという神話です。

先ず、全ての國造を神武帝の時代に定めてはいませんから、この文章の意味するところは、「歴代の大王は、現地の帰順した國には功績のあった（帰順した）者を國造として認め、帰順せず逆らったところは、征伐して縣主《あがたぬし》を置いた」と捉えることができます。

即ち、「國造」というのは大王に恭順した地域の「國の長」として、大王が認めた証しの呼び名と考えられるのです。そこで、國造という言葉の意味について考えます。

「くにのみやっこ」という意味は、我が国の言葉ですから「國の王の僕（しもべ）」という意味になります。

「みやっこ」とは「王のしもべ」という意味ですが、問題は「みやっこ」に「造」の字をなぜ当てたかです。

「造」は「造る・始める・稲が熟すこと・上士」などの意味があります。

このうち「上士」というのは「兵の位の上中下の上」ですから「士長」即ち「兵達の長」を意味しています。また、「國」は「郊の内（郊は国境・田野）、四角い郭の内」を意味しています。

即ち、國造というのは「田野の（王のしもべの）守護職」という意味だと考えられるのです。

國造の分析を進めると、近隣に侵食して大きくなった國造がいることがわかったのです。もちろん、反対に衰えて無くなってしまった國造もいたようです。

國造の盛衰

さて、國造本紀等による百三十程の國造の分布を和名抄の地名と外形的に見比べてみます。

「和名抄」には国郡制以降の六十六の国（＋二島）の名とそれぞれに、合わせて五百八十九の郡名、更にその郡には計三千九百二十九のより小さな地域名（以後「里」とします）が記載されています。

「和名抄」というのは平安中期の十世紀初頭に源順（みなもとのしたごう）が編纂したと言われている「和名類聚抄」のことで、当時の国語辞典・漢和辞典・百科事典とも言われているものです。

そこで國造の名称と同じ地名を和名抄の地名と比較、整理して分類したものが次表で、その例を表中の記号A～Gにしたがって以下に掲載いたしました（國造本紀以外の國造も含む）。

これらの表は煩雑ですので読み飛ばして、後で確認していただいても結構です。

[表 1]　國造の名称と同じ「国・郡・里」の地名が和名抄に記されているものの数

A．国の名称のみが 國造名と同じもの	27箇所	A＋B＋C＋D＝49 （国と國造名が一緒）
B．国・郡が 國造と同じ名称	8箇所	
C．国・郡・里が 國造と同じ名称	7箇所○	
D．国・里の名称が 國造名と同じもの	7箇所○	
E．郡・里の名称が 國造名と同じもの	26箇所○	
F．里の名称のみが 國造名と同じもの	12箇所○	
G．郡の名称のみが 國造名と同じもの	39箇所	E＋G＝65
國造名の地名が 和名抄にないもの	16＋1＝17箇所	＋1は島
和名抄の国名の内、 國造名がないもの	17＋1＝18箇所	＋1は島
和名抄の国の數	66箇国＋2島	
和名抄の里名に國造名が 残っているもの○の數	52箇所	C＋D＋E＋F

A～Gまでの例

A．国名とのみ國造の名称が一致しているもの（27 個）

国名	郡名	里・郷（小さな地域）	國造名
伊豆国 （3郡）	田方郡《たかたの》	新居《にい》、小河《をがわ》、直見《たたみ》、佐婆《さは》、鏡作《かかみつくり》、茨城《むはらき》、依馬《えま》、八邦《やくに》、狩野《かの》、天野《あまの》、吉妾《きしょう》、有辨《うさい》、久寝《くずみ》	**伊豆國造**
	那賀郡《なかの》	井田、那賀、石火《いしび》	
	賀茂郡《かもの》	賀茂、月間《つきま》、川津、三島、大社《をゝやしろ》	

B．国・郡が國造と同じ名称（8 個）

国名	郡名	里・郷（小さな地域）	國造名
伊賀国 （4郡）	**伊賀郡《いかの》**	阿保《あほ》、阿我《あか》、神戸《かんべ》、猪田《いた》、大内《をゝち》、長田《なかた》	**伊賀國造**

C．国・郡・里が國造と同じ名称（7 個）

国名	郡名	里・郷（小さな地域）	國造名
駿河国 （7郡）	**駿河郡《するがの》**	柏原、矢集《やつめ》、子松《こまつ》、古家《ふるいへ》、玉造《たまつくり》、横走《よこはしり》、**駿河**、山埼、完人《ししひと》、永倉《なかくら》、宇良《うら》	**珠流河國造**

D．国と里が國造と同じ名称（7 個）

国名	郡名	里・郷（小さな地域）	國造名
因幡国 （7郡）	法美郡《はふみの》	大草《おほかや》、石井、高野、津井《つのい》、**稲羽《いなは》**、服部、廣西《ひろせ》	**稲葉國造** （國・小） 因幡國造

Ｅ．郡・里の名称が國造名と一致しているもの（26個）

国名	郡名	里・郷（小さな地域）	國造名
駿河国 （７郡）	**盧原郡《いほはらの》**	西奈《せな》、大井、河名《かはな》、**盧原《いほはら》**、蒲原《かむはら》、息津《おきつ》	**盧原國造**

Ｆ．小さな地域だけで終わってしまった國造（12個）

国名	郡名	里・郷（小さな地域）	國造名
尾張国 （８郡）	海部郡《あまの》	新屋《にひや》、中島《なかしま》、津積《つつみ》、志摩、伊福《いふく》、**島田**、 海部《あま》、日置《ひおき》、三刀《みと》、物忌《ものいみ》、三宅、八田《やた》	**嶋田國造**

Ｇ．郡名とのみ同じ國造名（39個）その他は未詳。

国名	郡名	里・郷（小さな地域）	國造名
武蔵国 （21郡）	**秩父郡《ちちぶの》**	巨香《こか》、上斷《かみたち》、美吉《みよし》、丹田《にた》、中村、餘戸	**知々夫國造**

これらが何を意味しているかと言えば、例えば（Ｃ＋Ｄ）で（７＋７＝）14箇所の國造の一族は、ごく狭い領域の里の守護職が代々、次第に勢力を拡大して、国郡制の国の領域までもその所領にした、ということが考えられます。

又、（Ｅ）の、郡の名称と同じ名称の里がある國造の名称は26箇所ですが、この一族も同じように当初の里から郡の領域まで、その所領を広げていたようです。

国名にのみ名が残っている27箇所の國造（Ａ）と、国と郡に名称が残っている8箇所の國造（Ｂ）並びに、郡の名称のみの39箇所の國造（G）については、國造となって大王に帰順した当初から広大な地域（里群）を擁していた大・中の豪族の可能性があります。

しかし、国名や郡名にのみ國造名が残っているものは、母体である「里」規模の（邑）が、近隣との合併等で当初の名称が変わってしまった場合の可能性もあると思われます。

一方で、（F）のように狭い領域（里）だけで終わってしまった國造は12箇所あります。

更に、残りの17人については、該当する地名が見つからない國造等です。

即ち「國造」中心に考えますと、このように「里」の単位で始まった「國造」が「国郡制」の「国」という広範囲まで勢力を伸ばした者もいれば、「里」も維持できなかった「國造」もいたことが外形的には推量できるのです。

このように「國造」の「國」は「国郡制」でいう「国」とは明らかに異なっているのです。又、この「國造」の盛衰が我が国の古代の豪族達による競い合いの一端を暗示しているように見えます。

國造が任された「國」が当初は「里」の広さ程度ものであっても、その後、近隣の多くの里を支配下にして強大になった國造がいたことを示しています。

先ほどの例に挙げた表からもわかるとおり、当時の「國造」達は大王に恭順していたとしても、彼ら自身の勢力拡大のために、近隣への侵食を図っていた様子が見て取れます。他の國造の領域までも影響力を行使し合うこともあったと思われるのです。この頃の「國造」の様子には、全てが政権の意向で動いていた組織とは全く異なっているような栄枯盛衰が見られるのです。

成務紀で記述されているように、当初は山や川でその範囲が決まっていた、その頃の「國」の範囲が、時代と共に國造という豪族間の力関係により増大、又は消滅していった様子が見えるのです。

勢力を拡大して、「国郡制」の国名にまでその名を残した國造が49名もいれば、國造名に由来する地名が全く残っていない國造が17名もいるのです。

このことは、「國造」がたとえ大王に恭順していたとしても、幅広い自治が認められていたことの証拠とも言えそうです。國造には自治権があったのです。

「稲置」とは何でしょうか

同じような職位とされているものに「稲置」があります。この「置」は「物置」と同じ使い方です。「いねおき」→「いなき」と発音されるようになったものとも考えられます。

するとこれは「稲の倉庫（みやけ）」のことです。

稲置に関しては、允恭紀に闘鶏（つげ）の「國造」が「稲置」に格下げされた記事が見られます。そこから考えますと「稲置」は、自治は認められている領域の長で、「國造」よりも下位の扱いをされた自治が認められている里の守護職（豪族）と考えられます。

この書紀の記述から「闘鶏國造」は所領を一部召し上げられて「闘鶏稲置」になったのかもしれません。もっともこの「闘鶏稲置」はもっと前の仁徳紀でも登場しますから、この説話の時期がいつだったのかは不明です。

更に、成務紀に「五年秋九月　諸国に命令して、国郡には造長を立て、縣邑に稲置を置かせました」とあることからも、「稲置」の方が「國造」よりも格が下（所領も狭い）だということがわかります。

縣主（あがたぬし）

我が国の言葉の「縣主：あがたぬし：吾田主」は「私の田の責任者」と解釈できます。

そこでこれが國造本紀で言うように「任命」されたものとすれば、「任命権者（私）の田（國）の主」となり、これは、新しく奪取した「里」の守護職ということになります。

ですから、「吾田主・あがたぬし」は反抗したのでその長を誅殺して、我が領土（直轄領）としたところの長で、大王の配下を当てたと読み取ることができそうです。

國造本紀がいうように、神武紀の縣主については、いずれも兄が誅殺された弟猾（おとうかし）と弟磯城（おとしき）を猛田縣主、磯城縣主にそれぞれ任命しています。

彼らは兄を裏切って神武の配下になったとされている人達です。

又、この縣主は王の直轄領の「里」の責任者ですから当然自治権はないのです。

尚、書紀に記載されている縣主は13人います。

「縣主」というのは古い時代の大王の直轄領の長として任命された者の呼び名のようです。

どうやら、継体以前の我が国の地方統治の実態は、大王の直轄地と皇族の領地を除いて、中国に習って「羈縻《きび》統治」をしていたようです。

「みやけの長」と「國造」の違い

さて、國造本紀にある「○○國造」の名称は先ほども述べましたように、「国郡制」でいう「国」とは概念が異なっていて、「國造」というのは、大きな領域の守護職だけでなく、より狭い地域の田の領域（里）という所領（邑：みやけ）の王の守護職も多く含まれていたのがわかります。

一方、「屯倉」についても、「里」と思われる領域や「郡」と思われる領域の20の地域に「屯倉の名称」が残されています。

屯倉の名称が和名抄の地名と重なる例

A．里の名称とのみ一致する屯倉（10）

国名	郡名	里・郷（小さな地域）	國造名
山城国《やましろ》	紀伊郡《きの》	岡田《をかた》、大里《をゝさと》、紀伊《き》、鳥羽《とは》、石原《いしはら》、 拜志《はいし》*、深草《ふかくさ》、石井《いしい》	深草屯倉 （小）

B．郡名と里名と一致する屯倉（5）（橘花・児嶋・河音（甲奴）・穂波）

国名	郡名	里・郷（小さな地域）	國造名
河内国《かふち》	**茨田郡《まむたの》**	幡多《はた》、佐太《さた》、三井《みい》、池田、茨田《まむた》、伊香《いかか》、 大窪《おほくほ》、高瀬《たかせ》	**茨田屯倉**

C．郡名のみが一致する屯倉（5）（他に伊甚・鎌・糟屋・飾磨）

国名	郡名	里・郷（小さな地域）	國造名
紀伊国	**海部郡《あまの》**	賀太《かた》、濱中、全戸、女夆家《ほうけ》	**海部屯倉** （郡）

D．伊甚屯倉・伊甚の國造達

国名	郡名	里・郷（小さな地域）	國造名
上總国	**夷灊郡《いしみの》**	雨霑、蘆道、荒田、長狹《なかさ》、 白羽《しらは》、餘戸	**伊甚の國造達・（夷灊）** **伊甚屯倉（郡）夷灊**

E．淡路国

国名	郡名	里・郷（小さな地域）	國造名
淡路国	津名郡《つなの》	津名、志筑《しつな》、賀茂、平安《あえか》、物部《ものへ》、 廣田、都志《つし》、育波《いくは》、来馬《くるま》、郡家《くうけ》	**淡路屯倉** **（2C末）** **淡道國造２郡** **（4C）**
	三原郡《みはらの》	倭文《しとり》、幡多《はた》、養宜《やき》、榎列《えなみ》、神稲《くましろ》、 阿萬《あま》、賀集《かしを》	

みやけの長

これらの「屯倉」も「國造」と同じように勢力の拡大の軌跡が読み取れます。即ち、「國造」と「屯倉の長」は、同時代にあって呼び名は異なっていても、実質同じ「邑（みやけ）の長」ということになるのです。

その違いは、「國造」は大王に帰順した「みやけの首長」であり、一方「屯倉・みやけ」は帰順しなかった、独立した地域（の長）を表しているのです。これらが「屯倉」と記述されていることから最終的には「田令（たづかひ）」を派遣された、中央集権国家に降伏した地域なのです。

さて、書紀では神武帝以来孝徳帝に至るまで「國造」と「屯倉」は併存しています。にもかかわらず、「和名抄」に表われる地名でこの両者が重なっていないのです（伊甚の屯倉と伊甚の國造、淡路の屯倉と淡路の國造については、それぞれ時期がずれています）。ということは、その両者の立場が異なっていたことを物語っているのです。

更に、王権により「屯倉」が建てられたということは、前にも述べましたが、それまで自立していた邑（みやけ）が王権によって直接の指揮下に入れられ「屯倉」となったということなのです。王権の直轄領になったということです。四～五世紀、我が国はまだ中央集権国家ではありませんでしたので、恭順した田の領域（邑・みやけ）の長は「國造」とされ、その地方の豪族として自治が認められていたのです。

書紀にしても、國造本紀にしても、「國造」は大王が任命したことになっていますから、王権の統治機構には組み込まれていたのです。

しかし一方で、王権が恭順させることも征服することもできなかった邑（みやけ）が当然あったと思われます。それは、先ほどの「国郡制」の地名との対比で國造の名称と一致している地名以外に、その他の地名が多数存在していることからもうかがえます。

先ほど「國造」達の栄枯盛衰と述べた中で、周辺に勢力を伸ばしていたというのは、これらの、まだ王権に恭順していない邑（みやけ）への侵攻のことだと考えられるのです。又、それ等のうちのいくつかが、後に「屯倉」として直轄領とされた地域の「邑（みやけ）」ではなかったかとも考えられるのです。即ち、恭順して、「國造」として「みやけ」

を任された地域や、攻め滅ぼされて直轄領とされ「縣主」が置かれていた地域、以外の多くの邑（そこにはもちろん必ず「みやけ（穀物倉庫）」がある）はそれぞれの「邑（みやけ）の長」のもと独自の時代を過ごしていたことが考えられるのです。言うなれば、恭順していない上に滅ぼされてもいない豪族達が多く居たということです。

当然のことですが、これら恭順していない、自立していた邑々は、時代と共に近隣の國造達や、安閑紀に見られるように王権による「屯倉を建てた」行為によって滅ぼされていき、安閑紀以降、徐々にその姿を消して中央集権国家に飲み込まれていったのです。その新しく屯倉として統治機構に組み込んだ地には「縣主」を置かず、政権から官僚を送り込んで、国家による直接統治に切り替えたようです。

欽明紀に「十七年秋七月六日（己卯・ツチノトウ）　蘇我大臣稲目宿禰達を備前の児嶋郡に遣って、屯倉を置き、葛城の山田直瑞子（ミズコ）を田令（タヅカヒ）に致しました」とあります。王の領土ではなく今度は、政権の直轄領ですから「縣主（吾田主）」とは言ってはいないのです。「田令（たつかひ）」を派遣して官僚による統治をしたのです。これこそが中央集権化の動きの証」です。

継体紀以降にこのように大量の「屯倉」の設置が記述されているということは、「國造・稲置」など統治機構に組み込まれていた豪族以外に、王権に支配されていなかった多くの邑（みやけ）があったのです。地方には「まつろわぬ（王権に恭順していない）」大小の豪族達が沢山居たのです。

「伴造」

「國造」に似ている「伴造：とものみやっこ」は何を意味しているのでしょうか。

書紀の中で「伴造」は「臣・連・伴造」として、群卿・公卿・群臣・官僚と共に、朝廷に居る政府の中枢を構成しているメンバーとして記述されています。

先の國造と同様に「造」が「士長」を意味するとすれば。「伴」が「はべる、したがふ（陪）、ともなふ」という意味ですから、「伴造」は「宮廷（王）の守護職」ということになり、近衛兵の長達のことを意味しているようです。

例えば「門ごと、宮ごと」の守備兵の長であったことが考えられるのです。それを裏付けるような記述が推古紀にあります。

「十年春二月一日（己酉・ツチノトトリ）　来目皇子を撃新羅将軍とし、諸々の神部と国造、伴造達、併せて二万五千の軍勢を授けました」（著者訳）

即ち、来目皇子に授けた軍勢は「國造と伴造」の兵士達だと言っているのです。國造も伴造も軍事集団だとしているのです。「神部」を軍勢に加えているのは戦いに勝つために神の力を借りるという意味でしょう。

四．中国の史書から見える我が国の古代

さて、ここで改めて、中国の史書が語る我が国の古代史を見てみましょう。

中国の史書にあるように、我が国はＡＤ１世紀中頃に後の邪馬壹連合王国の一つに挙げられている「奴国」が漢に朝貢し、ＡＤ３世紀中頃にはその「邪馬壹連合王国の女王卑弥呼」が中国華北の魏に朝貢していました。更に、ＡＤ５世紀に入ると「倭の五王」は東

晋、更には、歴史に現れる最初の倭国王の讃は「倭国」として、南朝といわれている宋に朝貢し、以来ＡＤ６世紀初頭に「倭国王」の武が梁に朝貢するまで、南朝に朝貢を続けていました。

その間の中国の歴代王朝の移り変わりを言えば、魏の王朝というのは漢の流れを汲む王朝で、魏は漢から禅譲を受けた王朝なのです。この魏を受け継いだ王朝が南朝といわれる晋（東晋）であり、宋なのです。

我が国の歴代の朝貢はこの漢から始まった流れに沿っていたのです。というのは、倭の五王の時代、中国には晋とは別に華北には北魏がありました。

北魏は鮮卑族の拓跋氏が興した王朝です。邪馬壹国が魏に朝貢していた時、鮮卑族もやはり魏に朝貢していたのです。鮮卑族は言うなれば、我が国から見れば、中国王朝に対しては同格の中国魏王朝の子分仲間だったのです。

倭の五王が、わざわざ遠い晋や宋に朝貢していたのは、我が国が古来、漢の流れを汲む王朝を中国の正統な王朝と認識して臣下の礼を取っていた、という邪馬壹連合王国の矜持を引き継いでいたのです。即ち、倭の五王の倭国は卑弥呼がいた連合王国の中から成立したという証しでもあります。

北魏は我が国と同格の鮮卑族の王朝であり、朝貢する相手ではないとするのが我が国の姿勢だったようです。

その後ＡＤ７世紀初頭に我が国のタリシホコは隋の煬帝に対して対等交流をしましたが、この隋もやはり鮮卑族の王朝なのです。タリシホコの煬帝に対する書面を見ると、以前からの倭国の流れを受け継ぐ姿勢を貫いているように見えます。当然我が国のポリシーとして朝貢などは考えられない相手だったのです。

「日出ずる処の国の天子が書を日没する処の天子に致す、恙《つつが》ないか、云々」の書き出しは見事にこのポリシーを表現しています。鮮卑族の王朝が天子を名乗るのならば、我々も天子を名乗るよ、と言っているようで、やはり我が国のそれ以前からの姿勢を引き継いでいます。

タリシホコも亦、倭国のポリシーを引き継いでいたのです。

日本国を唐に認めさせた時の旧唐書の一文に次の一節があります。「その人、入朝する者、多く自ら矜大《きょうだい》（誇り高ぶる・尊大）、実を以て対えず。故に中国焉（こ）れを疑う」

（「旧唐書倭国伝」　石原道博編著）はまさにこの我が国の鮮卑族の国家である唐に対する意識の表れでもあるのでしょう。

日本国も倭国のポリシーを引き継いでいたのです。日本国も倭国の王朝から出たと思われるのです。

我が国の古代王朝は、漢王朝の流れを汲む王朝にのみ、歴代朝貢していたのであって、中国の王朝全てに朝貢していたのではなかったのです。

隋・唐の時代になると、我が国の中国王朝に対する朝貢外交は終わりを告げていたのでした。

五．倭国誕生・大王（おほきみ）による地方分権時代

一方、このような８Ｃ以前の我が国の歴史の流れの中で、我が国の内を見れば、ＡＤ１世紀、我が国は後漢書に見られるように、九州にあった奴国が紀元１世紀中頃に、倭の国王（何国かは不明）の師升がＡＤ２世紀初頭に、それぞれ後漢の光武帝と安帝に朝貢をし

た、と後漢書に見えます。この奴国が光武帝から下賜された金印が後に志賀島で発見され国宝となっています。この後、魏志の倭人伝によると、邪馬壹国の卑弥呼が二三八年に漢の流れを汲む魏の明帝に大夫の難升米を使者として送り朝貢したとあります。

同じく倭人伝にはこの邪馬壹国の卑弥呼が狗邪韓国以下、奴国までの二十九国に女王として共戴されていたと記しています。この二十九箇国の比定地の分布に関して九州内なのか西日本に及んでいるのかで、邪馬壹国が九州なのか近畿なのかに分かれて主張し合い混乱していますが、卑弥呼が魏帝から下賜された絹織物や、鉄器などの出土状況から見て、邪馬壹国は九州にあった（「風土記にいた卑弥呼」古田武彦著）と思われます。

この、卑弥呼や壹与の時代の連合国家的な我が国を「宋書」にあるように「倭国」としてまとめた「倭の五王」といわれる王朝は、ＡＤ5世紀初頭にできていきなり「倭国」として中国・南朝に朝貢することは考えられませんから、おそらくＡＤ3世紀末から4世紀にかけては我が国内で確固たる地位を築くための戦いを続けていたと思われるのです。連合王国内の争いもあったかもしれません。倭国王武の上奏文にもある通り戦国時代です。それを勝ち抜いた国が連合国家の中の邪馬壹国なのか他のどの国なのかは知るよしもありませんが、その連合国家の中の一つの国の王が「大王（おほきみ）」として列島内を國造等の豪族による地方分権国家の倭国としてまとめ上げ、半島の南部に任那という同盟国家群を作り上げた上で、中国（宋等）に倭国王として朝貢していたのです。

この大王（おほきみ）中心の地方分権国家の象徴が実は前方後円墳なのです。

六．前方後円墳を考える

前方後円墳の築造について

前方後円墳という特異な形の墳墓はどのようにして生まれたのでしょうか。

ＡＤ４～６世紀にかけての古墳時代といわれる、前方後円墳という特異な古墳の時代は、この「倭国」と自称した「倭の五王」の時代と見事に重なっているのです。私は従来から、古墳の中でも特に、世界にあまり例のない「前方後円墳」に興味を感じていました。

そんな中で、二〇一九年に大山古墳が世界遺産に登録されたというニュースを聞き、改めて前方後円墳に対する関心が高まり、我が国の古代史に照らして、純粋に古代遺跡として自慢できるものなのかどうかという、疑う気持ちを持ち始めました。

それは森浩一氏が、江戸時代から明治・大正にかけて、多くの古墳が「整備」の名の下に「改築」されていた、とその著書（『巨大古墳』・講談社学術文庫）で述べているのを知ったからです。

世界遺産に登録されてしまった大山古墳を含む、我が国の前方後円墳の実情を暴くことには、いささか気が引ける面もありますが、「真実の追究」の結果としてご容赦ください。

今回ネット上に情報のある全国約６３７７基以上の墳丘を持つ古墳の中から前方後円墳を中心に約１５００基の古墳情報を整理してみた結果（そのうち前方後円墳は１１８９基）、近畿を含め全国の巨大古墳（森浩一氏が言う墳長１６０ｍ以上）は、竪穴による埋葬で、墳丘そのものを造るための築成によらない、自然丘陵を利用している可能性が大きいことが確認できたのです。

即ち、それほど多くの人力によらなくても巨大古墳が作れたということです。本になる丘陵が大きければ巨大古墳になり、小さい丘を選べば小さな古墳になるということです。

それはとりもなおさず、巨大古墳だからといって、それを大王（天皇）の古墳と見ることはできないということを示唆しています。

このことは、東京古田会会員の平松幸一氏の情報から、かつて、地質学者梅田甲子郎氏が「応神天皇陵付近の地質と地形について（書陵部）」で主張されていたことを知っておりましたが、私はその「埋葬施設（前方後円墳）の造り方」の考察を通して同じ結論を得ました。

大きな丘陵を選んだ場合、確かに整形に要する版築などは人手と時間はかかりますが巨大古墳を一から土を盛って造り出すことに比べれば比較にならないほど簡単であったと思われるからです。

埋葬形式の違いにより築造方式が異なる

さて、前方後円墳などの墳丘を持つお墓の「埋葬の形」は大きく分けて「墳頂」に埋葬する「竪穴」タイプと、羨道を設けて埋葬する「横穴式石室」タイプに二分されます。

通常、「竪穴」の場合、墳頂を平らにして、四角い穴を掘り開けて棺を安置しますが、

ＡＤ５～６世紀頃から横穴式石室風のものを墳頂近くに造る場合があります。竪穴式石室に斜めに羨道と入り口を付けたものです（これを初期の、或いは九州系の横穴式石室とも言います）。

一方、「横穴式石室」タイプの主流は、墳丘の築成過程で羨道並びに玄室を造り、その上に墳丘を造っていくもので、古墳全体を、土を盛って造っていきます。即ち、竪穴式の場合は先ず墳丘を築成して、その墳頂に棺等を埋めていきます。

一方、横穴式石室の場合は横穴式石室を造りながら同時に墳丘全体を築成していくのです。その造り方は全く異なっているのです。

竪穴式であるということは、自然丘陵を利用したと思われる場合、先ず、墳頂を円形に平らにし、その後、墳頂の円形に添って順次周りの斜面を円形に斜めに削りとって整形（中には葺き石を埋め込んだりしています）しながら何段かテラス（段）を作り出して墳丘の裾までを整形すれば、土を盛って墳丘を造る必要はなく、後円部を形成することができるのです。

墳頂の円形にならって整形することで裾まで円形を保つことができます。自然丘陵が円形でなくても円形に仕上げることができたようです。

このような墳丘の築成は、我が国では弥生墓といわれている自然の岡や台地・小山を削り出した、方形・円形の台状墓で既に広く行われていましたし、周囲の濠は、同じく弥生墓といわれている、方形・円形周溝墓で沢山作ってもいました。古墳時代といわれる頃よりもっと以前から、前方後円墳を造るノウハウを我が国の人々は既に持っていたのです。

このように、前方部も含めて、既存の丘陵や小山を利用すれば、前方後円墳の形に全体を整形するのに極端に多くの労力を費やさずに完成させることができたと思われるのです。

尚、前方部は丘などが無くても、平地に周溝を掘って形作ることもできたでしょう。

最後に墳頂に縦穴を掘り、木棺や石室を埋めてその後に土を埋め戻して平らにします。

一方、横穴式石室の場合は先ず、古墳の基盤を整地して（土を盛って作る場合もあり、丘陵の上に作る場合もあります）そこに重い石で石室を組み上げていき、併行して周囲に土を盛って石室全体を埋めていきます（羨道の入り口は棺を搬入後に塞ぎ石を置いて埋めます）。この土を盛る工法は版築と言われる、土を突き固めながら土を盛ってゆく作業です。ほとんどの横穴式石室の前方後円墳の場合、後円部の墳丘の中心線は横穴式石室の奥の玄室の後ろの壁の位置になっています。これは暗黙の決まりのようにも思えますが、石室を造ってから土を盛り上げていく過程で、石室の中で玄室の奥の壁が一番高いことから、自然にそうなるのかもしれません。

このように、古墳の墳丘全てを築造する必要がありますので、多くの労力が必要なことから古墳の大きさが小さいのです。

例外的に巨大な横穴式石室の古墳といわれているものが2〜3ありますが、それらの古墳もよく考察すると自然丘陵を活用した古墳だったことがわかります。

又、これら前方後円墳の埋葬場所は、竪穴の場合、後円部の墳頂に限らず（墳頂に複数の埋葬施設があるものがあります）前方部にも複数の埋葬跡が確認されています。

横穴式石室の場合でも、主には後円部ですが前方部にも複数の埋葬施設が確認されています。そんなことから、この前方後円墳というのはその全体が、ある一族郎党の墓地（お墓）であると考えられます。

例えば、主筋の埋葬場所を後円部としてその他の郎党の埋葬場所が前方部ということも考えられるでしょう。又、その地方の長（王・國造）のためと思われる前方後円墳を中心に、集中して築造されている「古墳群」がある場所は、その地方の「墓域（今でいう霊園）」と考えるのが妥当と思われます。

竪穴式から横穴式への変化

その前方後円墳の埋葬施設は時代と共に変化していました。

ＡＤ３～５世紀にかけては、主に竪穴式のものが多いのですが、６世紀の半ば頃以降になると、全国的に横穴式石室を備えたものが多くなったのです。

我が国で一番古いとされている前方後円墳は竪穴で、ＡＤ２世紀後半～３世紀のものとされている岐阜の加茂郡富加町の蓮野古墳ですが、この古墳は詳細がよくわかっていません。これに続くのがＡＤ３世紀初頭のものといわれている福岡築上郡上毛町の西方古墳（墳長56ｍ）・広島三次市の矢谷古墳（18・５ｍ）・兵庫姫路市の丁瓢塚《よほろひさごつか》古墳（１０５ｍ）・千葉市原市の神門5号墳（42・６ｍ）等で、いずれも竪穴式の埋葬です。但し、これらの年代推定は多く土器編年によるものと思われます。

一方、我が国の横穴式石室の出現は福岡でＡＤ５世紀後半の築造とされている兜塚（53ｍ）などと思われます。これ以前にも福岡の鋤崎古墳などＡＤ４世紀末頃から先に述べました、西日本の各地で散見される初期の横穴式石室（九州系）と言われるものがありますが、これらは後円部の墳頂に竪穴式に石室を造り、その側面に入り口を作って斜めに羨道を登って墳頂（等）に出られるタイプのものです。これらは竪穴式石室のジャンルだと思います。

本格的な横穴式石室が始まるのは今述べました福岡の兜塚を含め、ＡＤ５世紀末～６世紀初頭にかけて築造された茨城（権現塚古墳、31ｍ）、栃木（天王塚古墳、43ｍ）や滋賀（垣籠古墳、60ｍ）、奈良（寺の前古墳、34ｍ）などで、いずれも墳長が30ｍ～60ｍ級の小型のものです。ＡＤ６世紀に入ると多くがこの横穴式石室の構造に変わっていき、規模は墳長20ｍから大きくても１２０ｍで60ｍ以下が圧倒的に多くなります。

又、違う面から、両方式の決定的な違いは、竪穴系は被葬者を「高いところ」に埋葬するのに対して、横穴式石室の場合は、「低い場所（地面かそれより少し高くした基壇の上）の横穴の石室」に埋葬するということです。

この変遷は死後の世界に対する考え方の変化を表しているのかもしれませんが、一方で、横穴式石室構造のメリットは（初期の九州系も含めて）追葬が可能という点に対して、かたや竪穴式は、追葬が考えられていないという点にあるのかもしれません。竪穴式の場合、墳頂に主郭以外に別に竪穴を掘って埋葬されている例が多々あります。即ち、横穴式の追葬可能というメリットが、竪穴式の高い位置に埋葬する理想を凌駕したという、合理的な意識変化とも考えられるのです。

しかし、卑弥呼の「鏡」に対する執着は太陽信仰を連想させますし、伊弉諾・伊弉冉（イザナギ・イザナミ）神話で、死んだ「伊弉冉」と後に残された「伊弉諾」との出会いの描写が横穴式石室を彷彿とさせます。

竪穴式から横穴式（朝鮮半島から伝わったとも言われています）に移行したのが、どのような宗教的意識の変化によるものか、或いは合理性の追求なのかは、今後の研究課題です。

いずれにしましても、日本書紀の伊弉諾・伊弉冉神話が６～７Ｃ以降の人々の感覚で書かれていることは明らかでしょう。

國造と前方後円墳の関係

全国の古墳情報と國造の情報を付き合わせますと、全国１５１人の國造（縣主）の94％以上（１４５人）の國造等が居た地域には必ず前方後円墳がありました（巻末の参考表参照）。一方で、実際は「前方後円墳」がある地域には「國造・縣主」が居た、と言ってもよい分布状況でもあったのです。これは國造・縣主と前方後円墳が非常に強い結びつきを持っていたことを窺わせます。

又、１１８９基の前方後円墳の分布を見てみますと、それぞれの國造の支配地域と思われる全地域にまんべんなくあるわけではありません。地域に偏りがあります。もちろん小さな国の國造の場合、発見されている前方後円墳が1基だけの所もありますが、郡の広さ、国の広さの國造の場合、その域内の全てにあるのではなく、特定の地区に集まっている傾向があります。その國造等の主な活動領域の周囲ということだと思われます。

そこでいくつかの地域の古墳の分布状況を見ていきます（以下の（C）表記は世紀の略称です）。

Ａ．群馬県の場合

　上毛野國造の領域には14の郡があります。尚、群馬県には全国最多の８８３基の墳丘を伴う古墳が記録されています。

　このうち、前方後円墳は81基でその多くが、高崎・藤岡・太田・前橋・伊勢崎という比較的近くの地域に集中しています。

　又、ＡＤ４世紀末から７世紀に掛けて絶えずに前方後円墳が営まれていることから、安定して繁栄していた氏族なのでしょう。上野、下野に分かれていることから、もともとは毛野一族の広大な支配地域が分割されたものと思われます。

　巨大古墳としては浅間山（１７１・５ｍ、竪穴・４Ｃ末、高崎）、円福寺茶臼山（１６８ｍ、竪穴・５Ｃ前半、太田）、太田天神山（２１０ｍ、竪穴・５Ｃ中、太田）、小丸山（２０９ｍ、埋葬施設、時期は不明、太田）の４基があり、太田を中心に造られています。

　広大な地域から多くの人を集められたことから、整形古墳とはいえ、巨大な古墳を造る力もあったものと思われます（しかし、半数以上は70ｍ以下のものです）。

これら巨大古墳の築造推定時期が重なっていないことから、世襲の歴代の國造がそれぞれ新しく築造したようにも見えます。

B. 奈良県の場合

大和（オホヤマト）国には15の郡があり、一見すると奈良盆地内にかたまって古墳があるように見えますが、大きく分けて、北部の春日縣主の領域（奈良阪町・大和郡山市・生駒市周辺）、葛木國造の領域（北葛城郡・大和高田市・御所市周辺）、闘鶏國造（稲置）の領域（天理市）、磯城縣主の領域（桜井市・橿原市・明日香村等）の4地域に分けられそうです。

尚、ＡＤ５Ｃ後半頃、闘鶏國造が稲置に格下げされたとき、その所領の一部が没収され筑紫の鞍手郡の十市縣主が田原本町周辺に移ってきたようです。

一方、奈良の北には山城國造の領域（城陽市周辺）が迫っています。山城には久世（城陽市）に久津川車塚古墳（１８０ｍ、竪穴・５Ｃ前半）という巨大古墳があります。

さて、先ほどの國造の章で、私は國造と稲置には自治権が認められているが、縣主は大王の直轄領の責任者と申しました。即ち、大和国の場合、奈良盆地の北部と、南の中心部に縣主を置いた大王の直轄領があり、西側に葛木國造の領域、東部に鬪鶏（ツゲ）國造の領域があったと思われます。

横道にそれますが、この奈良中心部に大王の直轄領があったということは、継体が長らく磐余の地に入れなかったことの理由として大きな意味がありそうです。

それぞれの領域の巨大古墳を見てみますと、

- 春日縣主の領域には佐紀陵山古墳（２０７ｍ、竪穴・４Ｃ末）同じく4世紀末に、未調査で埋葬施設はわかりませんが、宝来山古墳（２２７ｍ）、佐紀石塚山古墳（２１８ｍ）があり、更に市庭古墳（２５３ｍ、５Ｃ前半）、ウワナベ古墳（２５５ｍ、５Ｃ中）、ヒシアゲ古墳（２１９ｍ、５Ｃ後半）、コナベ古墳（２０４ｍ、５Ｃ後半）等、合わせて7基の巨大な前方後円墳があります。この7基の巨大古墳の内埋葬施設が判明しているのは佐紀陵山古墳1基だけです。

・葛木國造の領域には築山古墳（２０９ｍ、竪穴・４Ｃ後半）、新木山古墳（２００ｍ、５Ｃ前半）、室・宮山古墳（２３８ｍ、５Ｃ前半）、川合大塚山古墳（１９７ｍ、竪穴・５Ｃ後半）、未調査のため詳細は不明ですが倉塚古墳（１８０ｍ）など5基の巨大古墳が確認できます。ここの5基のうち、埋葬施設が判明しているのは2基だけです。

・磯城縣主の領域には箸墓古墳（２７６ｍ、埋葬施設は未調査・３Ｃ後半）、メスリ山古墳（２２４ｍ、竪穴・４Ｃ前半）、島の山古墳（２００ｍ、竪穴・４Ｃ末）、見瀬丸山古墳（３１０ｍ、横穴式石室・６Ｃ後半）等4基の巨大古墳があります。ここの巨大古墳４基のうち、箸墓古墳だけ、埋葬施設が判明していないのはどうしたことでしょう。

・闘鶏國造の領域には西殿塚古墳（２３０ｍ、３Ｃ末）、渋谷向山古墳（３００ｍ、４Ｃ中）、行燈山古墳（２４４ｍ、未調査）、西山古墳（１８０ｍ、竪穴・４Ｃ後半）等４基の巨大古墳があります。この地の4基の巨大古墳のうち、西山古墳だけが埋葬施設が判明している古墳です。

尚、更に東部の宇陀のあたりに、猛陀縣主の領域があったようです（五社神古墳４Ｃ末・２７５ｍ）。

これら21基の大和国各地の巨大古墳の乱立状態を見ますと、この地域では國造と縣主が競い合って大きな墓を造っていたようにも見えます。

もちろん、古墳に適した手頃な丘陵が沢山ある地形にも恵まれていたようです。奈良の中心部や天理市周辺には今でも墳丘に似た大きさの丘陵が散見されるそうです（前出の梅田甲子郎氏）。

C．大阪（河内国）の場合

河内国には凡河内（オホコウチ）國造が居《を》り、その郡の数は14ですが南部の和泉国は河内国から七一六年に分離したとされていることから、和泉国３郡のうち２郡（大鳥・和泉）を加えて16郡と考えます。残りの日根郡は紀伊國造の支配下の可能性が高いと思われます。

河内国の古墳の分布は大きく分けて２箇所、松原市を中心とする地域（堺市北区から羽曳野市、藤井寺市、柏原市南部）と、岸和田市を中心とする地域です。

先ず凡河内國造の関連と思われる松原市中心の地域では、羽曳野市には誉田山古墳（伝、応神陵、４２５ｍ、竪穴・５Ｃ前半）、墓山古墳（２２５ｍ、竪穴・５Ｃ前半）、埋葬施設は不明ですが軽里大塚古墳（ヤマトタケル陵？・２００ｍ、５Ｃ前半）、藤井寺市に津堂城山古墳（２０８ｍ、竪穴・４Ｃ後半）、埋葬施設不明の仲津山古墳（２９０ｍ、５Ｃ前半）、同じく市ノ山古墳（２３０ｍ、５Ｃ中）、岡ミサンザイ古墳（２４２ｍ、５Ｃ後半）、松原市に河内大塚古墳（３３５，横穴式・６Ｃ中）、堺市北区に土師ニサンザイ古墳（２９０ｍ、埋設施設、築造時期共に不明）、同じく百舌鳥大塚山古墳（１６８ｍ）、大山古墳（大仙陵、４８６ｍ、竪穴・５Ｃ前半）、上石津ミサンザイ古墳（３６５ｍ、竪穴・５Ｃ前半）、埋葬施設不明の百舌鳥御廟山古墳（１８６ｍ、５Ｃ後半）で、計13基の巨大古墳が造られています。この13基のうち、埋葬施設が判明しているのは6基です。

この地域も小さな丘陵や岡が沢山あった地形とも思われますが、6世紀中頃の河内大塚古墳を最後に巨大古墳は姿を消します。この時期は安閑・宣化帝の没後、蘇我氏の台頭と時を同じくしています。もう古墳にするのに適当な岡が河内に無くなったのかもしれません。

岸和田市周辺の地域では、摩湯山古墳（２００ｍ、竪穴・４Ｃ後半）がありますが５世紀に入るとそれ以降はこの地域に前方後円墳は見られません。５世紀に入って本拠地を北の羽曳野市方面に移したのでしょうか、またはこの地の國造が凡河内國造に吸収されたのでしょうか。

尚、隣の摂津国には河内三野縣主がいたようで（淀川河口流域）茨木市に太田茶臼山古墳（２２６ｍ、埋葬施設は不明・５Ｃ中）、今城塚古墳（１９０ｍ、横穴式？６Ｃ前半）があります。この地域にはこの後、６世紀中頃に昼神車塚古墳（60ｍ）が造られています。

以上見てきました、奈良・大阪の古墳文化は、蘇我氏の台頭と共に奈良の高市郡に集約された感があるのですが、しかしこれらも孝徳帝による薄葬令以降姿を消しています。

薄葬令というのは、孝徳帝が大化二年三月、身分に応じて墓の規模を制限した勅のことです。

D. 福岡（筑紫国）の場合

筑紫国は筑前国と筑後国に二分される前は全体が筑紫國造の支配領域と考えられます。筑紫国の場合筑紫國造の支配地域内に、糸島地区のいと縣主、遠賀地区の岡縣主、鞍手地区の十市縣主、三猪（みむま）地区の水沼縣主など、それぞれ直轄領としての支配地域があったようです。又、朝倉地区は前方後円墳や円墳はあるのですが縣主の気配が感じられない空白地帯になっています。

さて、筑紫國造が5世紀に居たと思われる、うきは市、八女市には石人山古墳（１０７ｍ、竪穴・５Ｃ前半）、月岡古墳（80ｍ、竪穴・５Ｃ中）、岩戸山古墳（１３５ｍ、横穴式・６Ｃ前半）などがあります。この地区には6世紀後半まで10基の前方後円墳が造られています。

・いと縣主の支配地域（糸島市・福岡市西区）には一貴山銚子塚古墳（１０３ｍ、竪穴・４Ｃ後半）、丸隈山古墳（85ｍ、竪穴・５Ｃ前半）、今宿大塚古墳（64ｍ、横穴式・６Ｃ前半）など16基の前方後円墳があります。

- 岡縣主の支配地域（遠賀郡）には4世紀前半から中頃の築成とされている島津丸山古墳（56・５ｍ、竪穴と思われますが未詳）があります。
- 十市縣主の支配地域（鞍手郡）には高野剣塚古墳（62ｍ、埋葬施設は不明・５Ｃ前半）があります。この地域には5世紀中頃以降の前方後円墳が見つかっていません。十市縣主が奈良（田原本町周辺）に移ったものと思われます。
- 水沼縣主の支配地域（久留米市、大川市、柳川市）周辺には祇園山古墳（25ｍ、竪穴・４Ｃ初頭）、浦山古墳（60ｍ、横穴式・５Ｃ後半）、欠塚古墳（45ｍ、竪穴・５Ｃ末）、日輪寺古墳（50ｍ、横穴式・５Ｃ末）などがあります。

前方後円墳と天皇陵

今までの考察から、ＡＤ６世紀以前の巨大前方後円墳は自然丘陵を利用して造られた可能性が高いことを理解していただいたと思います。

そこで、現在「天皇陵」と比定されている古墳と、記紀が記載している埋葬場所の記述を比較してみますと、古事記の記述が「御陵は○○の岡の上・××坂の上」という記述が多く、日本書紀の記述は、後に「陵」という言葉を入れて「陵墓」を強調した形になっているものもあり、「葬る」と記述されています。日本書紀の編者が「古墳」を意識していることがうかがえます。

いずれも「陵・墓を造って」というフレーズは入っていません。

例えば「崇神天皇」の陵墓について古事記は「御陵は山邊の道の勾岡の上」としています。日本書紀は「山邊の道の上に葬る」です。どちらも「上」という形容をしているということは、空中に墓があるわけではないのですから、そこに「既に陵（墓所）があった」ことを表しています。即ち、そこに土を盛って新たに墓を造ったのではなく、その「上の陵」に埋葬した、と言っているのです。もう既にそこには「陵・岡」などがあったのです。その岡には既に埋葬施設があった可能性があります。即ち既に「古墳」があったのです。「行燈山古墳」等のことです。この古墳は丘陵の先端部を切断して作られているそうです。

「景行天皇」については、古事記も日本書紀も「山邊の道の上」としています。「渋谷向山古墳（４世紀中頃の築成）」等のことでしょう。

「応神天皇」の陵墓について古事記は「川内の恵賀の裳伏（もふし）の岡」と表現しています。既にそこには「岡・岡のような古墳」があったのです。「津堂城山古墳（４Ｃ後半）」等なのでしょうか。尚、応神陵の比定については「誉田山古墳（５Ｃ前半）」とされているようです。

　このように、古事記は「既にあった大きめの古墳」を見つくろって「そこに埋葬した」ことにしたのだと思います。書紀もそれを引き継いでいたのです。

　更に言えば、孝徳紀に薄葬令（前出）と思われる記述があります。そもそも天皇が大きな墓を造っていたら、このような詔は必要ありません。自分たちで止《や》めれば良いだけです。それをこのように禁止したということは、各地の國造等が争って巨大な墳墓を造っていたという証しの詔に思えます。

　事実、橿原考古学研究所でも、記紀の王統譜はＡＤ８世紀に創られたもので、それに見合うような古墳は無い、とした趣旨の報告が出されています。その報告というのは、橿原考古学研究所の今尾文昭氏によるもので二〇〇九年の歴史学研究第８５７号「律令期陵墓と大型前方後円墳」です。その中で要旨として、

1「日本書紀・古事記による現王統譜に基づき奈良・大阪の大型前方後円墳の多くは、事後的に律令期（記紀が書かれた時代・ＡＤ８世紀）陵墓に編成された（伝承されてきたものではない）と思われる。」と述べ、亦、

2「考古学の王墓系列と現王統譜に不整合がある。古墳時代政権（律令期以前の政権）と律令国家（記紀に記述されている国家）の不整合である」更に、

3「現王統譜は史実と観念、架空の上に創作されたもの」と述べています。

※（　）内は著者による注釈。

國造等と前方後円墳の強い関わりがはっきりしたと同時に、國造と縣主が全国の前方後円墳を造っていたことも明確になったと思います。歴代天皇との関わりは無いことは疑う余地がありません。

前方後円墳は大王への忠誠の証し

巻末の参考表で明らかなように、國造に限らず、直轄領の縣主も前方後円墳を造っていたことから「前方後円墳」という「墓地の形」は国王に対する忠誠の証し、と見ることができるような気がいたします。

ごく自然な流れとして円墳や方墳がある中で、國造等が、なんで敢えて前方後円墳という特異な形にこだわった墓を造り続けたか、ということを考えますと、「國造も縣主も王権によってのみ認められる存在」であったことから、この時代の王朝、即ち、倭の五王から続いていた倭国の王朝に対する「忠誠」を示している以外に理由が見つからないのです。

この前方後円墳の形のモチーフを、私は「楯を持った兵士の姿（長方形の楯の上に丸い兵士の顔がある）」とみています。國造や県主達は「死んでも大王をお守りいたします」という意味を込めて、このような形の墳墓を敢えて造っていたのではないでしょうか。

事実、律令時代といわれる中央集権国家になるＡＤ７世紀後半以降、前方後円墳の築造はほとんど見られなくなるのです。

大王の埋葬場所の考察

さて、近畿を含め全国各地の巨大古墳が各地の國造等の墓だとした場合、大王はどこに埋葬されたのかが問題になります。この大王とは「倭の五王」を含め、律令制に基づく中央集権国家に移行する前の倭王朝の大王達のことです。

現在まで、難波宮以前の王宮の大規模遺跡は見つかっていません。天皇が○○宮に居たという記述はあっても、そこで宮廷跡と思われる大規模遺跡は発見されていないのです。

倭の五王の上表文では「王自らが甲冑を身に纏い、山川を跋渉《ばっしょう》しやすむところはなかった」と綴っています。（著者訳）

この頃の都というのは「大王がその時居るところ」だったと思われます。関東征服の時は埼玉の斯鬼宮に居たのかもしれません。

しかし、「ヤマトタケル」は征東の途中ノボノで亡くなりそこで埋葬されたと書かれています。三重の能褒野王塚か白鳥塚か或いは他か、私にはわかりませんが、そのように崩御された場所で埋葬された可能性は否定できません。

一方で、九州の朝倉周辺を支配していた縣主が見当たりませんから、この地が「倭の五王」即ち「倭王朝（倭国）」の発祥の地であった可能性を考えています。

「遠の御門」と詠われた地です。この地にもいくつかの円墳等が存在していますから、そこに埋葬された可能性があるのかもしれません。又、筑紫の雷山が霊山であるとしたら（『古代史の十字路・万葉批判』古田武彦著）、そこが墓所であった可能性もありそうです。

結論として言えば、前方後円墳というのは、かつて我が国が倭国王（大王：おほきみ）のもとに、國造による地方分権国家であったことを象徴する墓の形だったようです。

以上、述べましたように、「倭の五王」以来、全国の國造等は「やまと（偉大な国）」というアイデンティティーのもと、きらびやかな前方後円墳を造り、強い絆で三〇〇年以上にわたり、地方分権国家として隆盛を極め、朝鮮半島にまでその勢力を広げていたと思われるのです。

第二章　中央集権国家を目指して

一．中央集権国家へ

我が国は「倭の五王」の時代以前は、中国南朝「宋」への上表文からもわかるように、中央集権国家ではなかったと考えられます。それが、安閑の時代以降、王権による直轄地の拡大や、官僚心得（十七条憲法）、十二階位制度に見られるように、我が国が中央集権国家としての体裁を整え始めた頃から、それまで各地で自治を謳歌していた國造や稲置といわれていた豪族達が、順次我が国の統治機構に強く組み込まれていったと考えられるのです。

継体も磐井もその豪族の一人だった可能性があります【大迹（継体）：三国國造、磐井：筑紫國造】。継体の時代以前から「くにのみやっこ・いなき」の呼び名が使われていたとしたら、彼らは各地方の豪族（國造等）として大王に忠誠を誓い、賦として貢物を納めていたのだと思います。

又、知られているように、豪族達は子弟達を舎人（とねり）、丁（よほろ）、兵士に、子女を采女（うねめ）として差し出していたと思われるのです。

倭王武の上表文にある「東征毛人五十五國西服衆夷六十六國渡平海北九十五國」の言う「國」は「くにのみやっこ」を置いた場所のことのようです。ＡＤ７～８世紀に定められた国郡制の「国」の概念とは全く異なっていたのです。この上奏文の中の「海北九十五國」はおそらく先ほどの「任那」のことでしょう。

先にも述べましたように、安閑紀などに大量に屯倉を建てた記事があります。これは中央集権化を目指す政権による直轄領の拡大と思われ、この頃からようやく、我が国の真の統一が始まったと考えられるのです。

かつて、倭の五王の時代の列島各地への遠征は、それぞれの地域をまんべんなく平定したのではなく、拠点を置くことに重きを置いていて未征服の邑が多々あったのです。

王権による直轄地としては、当初は九州や近畿に縣主を置いていましたが、別《わけ》（分家）の形を取ってからは中部地方にかけても散在していたようです。

その後、ＡＤ６世紀中頃から、全国統一と中央集権化の気運の高まりによって、屯倉創建が盛んになってきました。屯倉というのはそれまで王権に組み込まれていなかった地方の独立していた邑（みやけ）が王権によって征服され、そこに田令（たづかひ）を派遣して国家の直轄領となった邑（みやけ）のことです。但し例外的には献上されたり、國造から取り上げたりした邑（みやけ）もあったと思われます。國造達による周辺地域の平定と、国権力による屯倉の創建によりＡＤ７世紀の前半には列島の大部分の地域が統一した倭國として形作られたようです。

又、統治のための軍事組織としては、各地の豪族（國造）達の守備兵集団と、国家中枢に配備されていた近衛兵集団（伴造）によって形成されていたようです。

各地豪族と王権との力関係は、ＡＤ６世紀の前半、磐井や大迹、大伴金村、物部麁鹿火等豪族による半島利権をめぐる争いに代表されるように、王権の弱体化が見られ、結果として半島利権を失いました。この継体の時代は地方分権国家から中央集権国家へと移行していく過程の混乱期とも思える状況です。このような中で、安閑・宣化帝の時代になり、我が国の権力構造は、ＡＤ６世紀の中頃からの中央集権化の高まりの中で、ＡＤ７世紀初頭の十二階位の制定に見られるように大きく王権に傾き、相対的に豪族の力が弱まってきたように見受けられます。中央集権が進み、その結果地方統治に大きな変化が起き、國造達は大連と共に消滅していったのです。その中心的役割を果たしたのが三代の蘇我氏と思われるのです。

二・二頭政治の時代

我が国には二頭政治の時代があったと思われます。それは六世紀中頃から七世紀中頃までの約百年間のことです。書紀では欽明帝・敏達帝・用明帝・崇峻帝・推古帝・舒明帝・皇極帝の時代とされています。この間の大臣は蘇我の稲目・馬子・蝦夷の三代です。「二頭」というのは、この七人の大王とされている大王派と三代の蘇我派のことです。

先ず、書紀の次の記述に注目してください。皇極紀の記述です（皇極元年十二月三十日の条で、蘇我蝦夷が自分たちの墓をつくる時に上宮の乳部の民を使役した時）。

原文は、

　更悉聚上宮乳部之民（乳部、此云美父）役使塋垗所　於是上宮大娘姫王發憤而歎曰蘇我臣専段擅國政多行無禮　天無二日國無二王　何由任意悉役封民

現代語訳（筆者訳文）は、

「更に、上宮の乳部（ミブ）の人達を悉《ことごと》く集めて塋垗所（エイトウジョ・墓地で祭祀を行うところ）で働かせました。そこで、上宮大娘姫王が大いに憤慨して『蘇我臣は国政をほしいままにして、多くの無礼を行っている。天に二つの日はないし、国に二人の王も居ない。どういうことで勝手に、（わが）土地の民を使役させるのか』と嘆きました」という文章です。

　ここでは上宮大娘姫王が、自分の部民を勝手に使役されたことから、蘇我蝦夷の横暴を憤慨して、「天無二日國無二王」と言っています。「天には日が一つなのに、國には王が二

人いるようだ（国に王は二人いらない）」と言っているようなのです。

書紀ではこのとき、大臣を天皇が任命しています。しかも、これは皇極帝が即位した元年の記述で、その後も変わらずに、蘇我蝦夷は大臣として書紀に記述されています。

もし、大臣が皇極帝の意に背いて事を行っているのであれば、皇極対大臣の対立の記述があってしかるべきです。しかし、このあたりの書紀にそのような記述もありません。

しかし、上宮大娘姫王は「天無二日國無二王」と言って怒っているのです。これはどう解釈すればよいのでしょうか。

上宮大娘姫王の理解では、「大臣は部民を使役する権利は持っていない」と思っているのです。即ち、部民を使役することができるのは、自分の統治者である皇極帝だけであると思っているから怒っているのです。

しかし、書紀の記述通りであれば、大臣の行為は、皇極帝の許可を受けて行っていると見なければなりません。皇極帝が許可していないなどということは大娘姫王にはわからないのです。

それなのに、大臣の行為が「皇極帝の許可のもとでない」ことを、大娘姫王が「わかっている」かのような発言です。すると、この時の皇極帝と大臣の関係はどうなるのでしょうか。

これを合理的に解釈すると、「大臣は皇極帝の許可を必要としない存在だった」ことが考えられるのです。すると、ここで言う大臣は皇極帝の臣下ではなく、もう一人の王だった可能性が出てきたのです。

しかも、大娘姫王は「天には日が二つ無い：天は一つの日」なのに、と言っているようです。即ち、「天意」の役割の王は一人でしょ、それなのに民を統治する王がなぜ二人居るのか、と言って不満をぶちまけています。天意を掌《つかさど》る役割の王と、民を統治する役割の王がいて、先の、「もう一方の王」とは天意の役割の、蘇我蝦夷のことのようなのです。

上宮大娘姫王が怒った状況は、部民を使役する権限の無い、一方の役割の王が、越権して部民を使役したことに対して憤っていると解釈するのが合理的だと思います。

そこで、隋書「俀國伝」の次の文章を見てみましょう。

開皇二十年俀王姓阿毎字多利思北孤號阿輩雞彌遣使詣闕上令所司訪其風俗　使者言　俀王以天為兄以日為弟

天未明時出聽政跏趺坐　日出便停理務云委我弟

「開皇二十年、倭王がおり、姓はアメ、字はタリシヒコ、オホキミと号した。使いを遣わして闕《けつ》に詣った。上（文帝）は役人にその風俗を訪ねさせた。使者がいうには、『倭王は天を兄とし、日を弟としている。天がまだ明けないとき、出かけて政を聴き、あぐらをかいて坐り、日が出れば、すなわち理務をとどめ、わが弟に委せよう』と」（訳文：『隋書倭国伝』石原道博編訳）

とあり、この読みが通用しているようですが、さっぱり意味がわかりません（尚、原文の「俀」は「倭」の異字）。

さて、原文の太字の箇所の解釈で「天未だ明けないとき、出かけて」とは、どこからどこへ出かけるのでしょうか。「政（まつりごと）」とは、何のことなのでしょうか。「あぐらをかいて坐り」とは、いったい何を意味しているのでしょうか。書いてありません。これは、王の常識だったから書かなかったのでしょうか。

いえ、隋の高祖の文帝は「これは大いに義理のないことだ」と言って、これを改めさせたと言います（『新訂魏志倭人伝・後漢書倭伝・宋書倭国伝・隋書倭国伝』・岩波文庫）。これは当時の常識ではないのです。すると、この文章はどう訳すべきなのでしょうか。

そこで、大漢和辞典（諸橋轍次著）で調べてみますと、「政」には、「星」という意味があることがわかります。更に、「聴」は「見きわめる」です。天に日が昇って明るくなる前に「出てあぐらをかいて座る」とあります。

即ち、「聴政」は「星を見極める」ことなのです。そのために、「外に出た」のです。恐らく天文台にあぐらをかいて座って、暦を考え、夜空の星を見たのでしょう。すると、「停理務」は、「悟る仕事を止める」ですから、星占いを止めるという意味なのです。

さて、肝心なのはこの前の文章です。

「以天為兄以日為弟」はどう読めるのでしょうか。「為」には「みなし・属す」という意味があります。

「これ天意は兄に属し、これ主権は弟に属す」（筆者訳文）と読めるのです。ここでいう

「天意」とは、星占いや日の出等によって得られた、暦や天の様々な変化なのです。

一方、明るくなった時の太陽である、「日」には同じく漢和辞典に「君（主権者・王・統治）」とあります。即ち、兄が天意の管轄者で、国の統治は弟がする、と書かれているのです。

更に、ここで従来「オホキミ」と読んでいた「阿輩雞彌」を見てみましょう。これはどう見ても「オホキミ」ではありません。「アヒキミ」です。古語辞典（岩波・三省堂他）によりますと「アヒ」は「相」で、「互いに・一緒に・二人で」という意味の接頭語、とあります。これは「相皇」ではないでしょうか。

すると続く文章の、兄・弟の分担の状況と符合していることがわかります。そこで、この原文の訳文は次のようになると考えられます。

「開皇二十年に、姓をアメ、字をタリシホコで、アヒキミ（相皇）と呼ばれている俀王（倭王）が、天子への挨拶のために朝廷に使いを寄越しました。天子は司に命じて、その（国の）風俗（様子）を訊ねさせました。その使者が言うに、俀王は「天意は兄に属し、統治は弟に属します。天未だ明るくなる前に（天文台に）出でて、あぐらをかいて座って、星の動きを見極めるのです。日が出ましたらすぐに、星占いを止めます。そして、「弟（の統治）に委ねよう」と言うのです」

と。

即ち、この頃俀（倭）国は二人の王で統治していたと言っているのです。二頭政治です。そして、「天意を見る方が上だ」、と主張しているのです。この場合、兄弟は別に本当の兄弟でなくてもよく、単に序列を表しているにすぎないのです。

先に、疑問に思い検討した日本書紀の結果と同じことが述べられていたのです。

この文の後で隋の文帝が倭国の統治に対して、「これは大いに義理がないことだ」と言って改めさせた（前掲）という意味は、本来一人の王が追求すべき志（天意と統治）を分業で行っているという説明に対して発したものと解釈すべきでしょう。

これら、書紀の記述と、隋書の記述から、少なくとも、蘇我馬子・蝦夷の時代には、我が国に二人の王がいたのです。その二人の王の役割分担は、一人が「天意」を司り、もう一人が「国を統治」していたと思われるのです。

隋書によれば、相皇（アヒキミ）と呼ばれているとしていることから、天王（天皇・アメキミ）・国王（人皇・ヒノキミ）とも考えられるのです。事実、歴代の天皇に対して「第○代人皇」という記述が風土記などに散見されていて、これも二頭政治があった証拠でしょう。

ここで言う「人皇（ヒノキミ）」については「太平記」に、後醍醐天皇御治の事として、本朝人皇の始め、神武天皇より九十五代の帝、とあり、又、風土記逸文では「摂津」、御前の浜・武庫に、「人皇十四代、仲哀天皇」、又、「肥前」では人皇卅代欽明廿五年甲申、等々あります。

神武天皇以降の歴代天皇が「人皇」であるとの記述が諸橋大漢和辞典にもあります。

この二頭政治と思われる時代の記紀の記述はどうなっているのでしょう。改めて、書紀に書かれている蘇我氏三代の事績を検証してみます。

書紀に記述されている蘇我氏の事績

蘇我氏は三代にわたって、稲目・馬子・蝦夷のいずれも「大臣」として書紀の中で、政治の中心的な役割を担った人物として描かれています。

その事績と思われるものを挙げてみます。書紀の記述の順です。

1　稲目は宣化帝の命令で、尾張連を使って尾張国の穀物を筑紫に運んだ。

2　稲目は「西の守りの国（百済）」から送られてきた仏像を欽明の指示で祀る。

3　稲目は詔を奉じて王辰爾（船史）を派遣して貢物の船の数を数えて記録させた。

4　天皇は稲目と穂積磐弓臣達を遣って吉備五郡に白猪屯倉を置かせた。

5　天皇は稲目達を備前の児嶋郡に遣って屯倉を置き葛城の山田直瑞子を田令にした。

6　稲目達を倭国の高市郡に遣って大身狭屯倉、小身狭屯倉、紀國の海部屯倉を置く。

7　馬子を吉備国に遣って白猪屯倉の田部を加増し、白猪史膽津に田部の戸籍を与えた。

8　馬子は都に戻り屯倉の報告をした。

9 馬子は播磨国の僧高麗恵と司馬達等のむすめの嶋ら三人の尼を尊び仏殿を造る。

10 馬子は大野の丘の北に塔を建て大規模な法会を行った。

11 馬子は炊屋媛（かしきやひめ）の詔を奉って政府軍に穴穂部皇子を誅殺させた。

12 馬子は厩戸皇子他諸皇子と群臣を引き連れ物部守屋大連を滅ぼす。

13 馬子は摂津国に四天王寺を、飛鳥の地に法興寺を建立。

14 馬子は東漢直駒に崇峻帝を殺させ、倉梯岡の御陵に葬った。

15 馬子は新羅と任那の使いを謁見した。

16 馬子は皇太子と相談して天皇記と国記と併せて臣、連、伴造、國造等の由来を記した。

17 蝦夷は田村皇子（舒明）を天皇に推挙した。

18 蝦夷は百済王の甥で大使の翹岐を畝傍の家に呼んで語らった。

19 蝦夷は寺々に雨乞いの読経をさせたが効果はなかった。

20 蝦夷は蝦夷たちを家に招き自ら慰問した。

21 蝦夷は先祖の廟のある葛城高宮で天子の舞を行った。

22 蝦夷は国の民を挑発して今來に大小二つの墓を造らせた。

23　蝦夷は子の入鹿に紫冠を密かに授けて大臣と呼んでいた。
24　蝦夷は甘粕の丘に立派な二つの家（蝦夷の家は上宮門、入鹿の家は谷宮門）を造った。

こうやって見てみますと1～8は天皇の命令に従ったという記述で、書紀が「大臣」としている以上、このように書くのは当然でしょう。これらの文章の「天皇の命令」を除いて読む必要がありそうです。即ち、稲目・馬子の自主的行為と見るべきでしょう。

9、10、13、19は仏教と天意を務める活動のように見えます。11の穴穂部皇子の殺害と12の物部守屋大連との争いは「人皇派」との共同行為なのでしょうか。14の崇峻帝の殺害について、これは最も反天皇位的な行いですが、この事件を書紀は一切非難せず、当然のように埋葬記事も載せています。

17では田村皇子を天皇に推挙もしています。

さて14、15、16、17、21、23、24までの記事は蘇我が大臣だとしたら、大いに疑問の残る行いですが。むしろ、もう一方の王としての立場としてみると全く疑問の無い振る舞いに見えるのです。

更に、蘇我稲目が天皇と呼ばれていた証拠があります。

蘇我天皇は実在した

直接証拠としては、欽明九年正月の条で、百済の使いは直接、「可畏天皇」と呼びかけて半島での実情を縷々《るる》説明しています。又、天皇はそれに直接答えています。

しかも、同じ欽明十三年五月の条では、欽明帝自身が「可畏天皇の御霊（御霊は加護・威力の尊敬語）」にお頼みしよう（著者訳）、と発言しています。欽明帝と可畏天皇は同一人物ではないのです。欽明帝も一目置く、時の実力者が倭国に他にいると言っているのです。こんなことは書紀の構成では考えられないことです。

しかし、今まで述べてきましたように、もう一人の実力者「王」の存在は明確です。その「王」が「可畏天皇」と呼ばれていた人物のようなのです。

可畏天皇の正体、それはズバリ言って蘇我稲目でしょう。可畏天皇の言葉が欽明紀にしか出現していないことから鑑みても、それは明らかです。

九年の発言は（稲目）天皇。十三年の発言は（欽明）人皇の発言、とすると、つじつまが合うのです。

又、状況証拠としては、先に並べた事跡の15の次の記述です。推古紀の十八年十月の条のことです。これは、新羅と任那からの使節を朝廷で迎えた時のものです。

九日（丁酉・ヒノトトリ）客たちは朝廷に来て拝礼いたしました。ここで、秦造河勝と土部連の菟（ウサギ）を新羅の先導者に、間人連の鹽蓋（シオカサ）と阿閉臣大籠を任那の先導者に命じて一緒に南門より引き入れ、庭中（御所の庭）に立ちました。

その時、大伴咋連、蘇我豊浦蝦夷臣、坂本糠手臣、阿倍鳥子臣が共に座席より立ち上がり進んで、庭に平伏いたしました。

「ここで両国の客達は再び礼拝をして使いのおもむきを奏上いたします。かくして四人の大夫は立ち上がって進み、大臣のところで跪《ひざまず》きます。すると大臣は席から立ち上がって廳《ちょう》（紫宸殿）の前に立ち聴かれるのです。その後、それぞれに応じて客達に禄を賜りまし

た」（筆者訳）

この文章の中の南門については、南門から導き入れたとあることから、この廳は紫宸殿と同じ役割の建物と思われます。

「」の原文は次の通りです。

於是両國客等各再拝以奏使旨　乃四大夫起進啓於大臣
時大臣自位起立廳前而聽焉　既而賜禄諸客各有差

推古帝がいるにもかかわらず、諸臣の立ち振る舞いも含めて、当然のように大臣を我が国の最高権力者として記述しています。上の訳文の「大臣」を「天皇」に置き換えて読めば、一目瞭然です。しかし、この描写も、今まで述べてきたことと照らし合わせれば、全く違和感がないのです。明らかにこの描写は、天皇の謁見の様子以外に考えられません。

そこに、推古帝の影も形も見えないことから考えると、この頃の役割分担は、天意（神道・仏教を含めて）と外交は天皇、国内統治は国王（人皇）となっていたと考えられます。

これは、まさに馬子が天皇（隋書に見られるタリシホコ）であったことを裏付ける記述なのです。

又、書紀には馬子と皇太子が「天皇記」と「国記」を相談して記したとありますが、どうして天皇記と国記の二つがあるのでしょうか。

推古二十八年十二月の条に次の記述があります。

「この年、皇太子（聖徳太子？）と嶋大臣（馬子）は相談して天皇記と国記を記しました。臣・連・伴造・國造・百八十部・公民達の由来も併せて記述いたしました」（著者訳）

ここで、「天皇記」と「国記」の二つに分かれていることに注目する必要があります。「臣・連・伴造・國造・百八十部・公民達の由来も併せて記述したもの」とあることから考えて、主に書かれていたことは、天皇と、国王（人皇）の皇統譜と事績の記録と考えるのが自然だと思います。

しかし、国王（人皇）の推古帝に相談したとは書いていないので、馬子が勝手に書いたと思われがちですが、書紀は推古紀で国政は皇太子に任せたと記述しているのです。ですから、この二人は両方のトップということになり、この二人で方針を決めることができたのです。

「天皇記」＝「皇統記」と考える見方もあろうかと思いますが、それだったら「皇統記・国記」と書けばよく、わざわざ「天皇記・国記」とするのは疑問です。

即ち、これも今まで述べてきたことと考え合わせると、「天皇記」は天皇の系譜と事績、「国記」は国王（人皇）の系譜と事績、と考えてつじつまが合うのです。臣以下の部民・公民達は、何らかの分類わけで、それぞれに付随していたのではないでしょうか。まさに二頭政治を裏付けています。

この一文も又、天皇位と国王（人皇）位が並立して存在していたことを物語っているのです。

蘇我三代はどうして「天皇」を名乗れたのか

先ず、なぜ「蘇我稲目」が「天皇（アメキミ）」を名乗れたのか、その理由を考察します。我が国が「相王（アヒキミ）」と呼ばれる体制（二頭政治体制）になる前には、我が国には「オホキミ」が居ました。即ち、地方分権国家の我が国をまとめていた「大王」のことです。

日本書紀の推古紀に次の詩が載っています。

二十年春正月七日（丁亥・ヒノトイ）　群卿と酒宴を催しました。

この日、馬子大臣が大王（オホキミ）を寿いで詠った詩は、

ヤスミシシ　ワガオホキミノ　カクリマス　アマノヤソカゲ　イデタタス
ミソラヲミレバ　ヨロヅヨニ　カクシモガモ　チヨニモ　カクシモガモ

カシコミテ　ツカヘマツラム　ヲロガミテ　ツカヘマツラム
ウタヅキマツル
（以下、著者訳）
天下をお治めになった　我が大王（おほきみ）が　お亡くなりになって
今いらっしゃる　天の宮殿で　きっと
立って出ていらっしゃることでしょう
空を見上げて（お願いするときはいつも）　幾代にもわたって
守ってくださってほしいと　これからもずっと　守ってくださいと
畏《おそ》れ、謹んで　お願いいたします　一生懸命拝んで
お願いいたします　こうして歌を献上いたします

天皇（推古帝）が応じて詠って、

マ（カ）ソガヨ　ソガノコラハ　ウマナラバ　ヒムカノコマ　タチナラバ

クレノマサヒ　ウベシカモ　ソガノコラヲ　オホキミノ　ツカハスラシキ

（以下、著者訳）

偉大な蘇我氏よ　蘇我の人たちは　馬ならば　日向の駒
太刀ならば　呉の眞刀　なるほどなア　蘇我の人たちを
大王（おほきみ）が　お取り立てになるはずでしたね

これらの詩は、推古帝と馬子が「おほきみ・大王」を偲んでいる詩のやり取りとしか考えようがありません。果たしてこの「おほきみ・大王」なる人物は誰なのでしょうか。蘇我稲目が大臣として書紀に登場してきたのは、宣化帝の時です。

書紀では、安閑帝・宣化帝兄弟は大男迹王の前妻の連れ子の設定になっています。すると、大男迹王が、手白香皇女を妻にして皇統を得た、との記述（継体紀七年十二月八日の条）からして、その前妻との子供である、安閑・宣化両帝の皇位継承権には大いに疑問があるのです。それなのに記紀は、皇統である（手白香皇女の皇子）欽明帝よりも先に、皇位に就かせています。

又、継体紀の中での勾大兄皇子（後の安閑帝）の発言は、大男迹（継体）が、帝位に就くまでは一地方豪族であり、その子供だったものの発言とは到底思えません（継体六年冬十二月の条）。

その発言とは、「（勾）大兄皇子は以前に、そのことに関係していましたが、（今回の）国を賜えることには関わっていませんでした。後になって（その）宣勅を知り驚いて悔やみ、改めて欲しいと思い『胎中の帝の時から政府機関を置いていた国を軽く外国が請うままに、たやすく賜うとは。日鷹吉士を遣って百済の客に詔を改めろ』と命じました」という所です（著者訳文）。

これらの書紀の記述を整理して考えてみますと、この安閑・宣化両帝は、大男迹達の上に君臨していた王家の直系の大王の可能性を感じるのです。即ち、倭の五王の系列です。

磐井の乱といわれるものは、やはり王権の傍に居た豪族の大伴金村大連・物部麁鹿比が三国の豪族の大男迹（後の継体）と組んで磐井を殺した可能性があります。磐井が九州内で実権を握って、王権が形骸化していた可能性があるのです。

「九州」という言葉は王権のおひざ元（畿内）の意味で、磐井も王権に寄り添って居た豪族の一人ではなかったでしょうか。

王権の後継者である、勾大兄皇子（安閑）と檜隈高田皇子（宣化）がまだ若かったために、豪族による権力闘争に巻き込まれたようにも見えます。

戦いに破れた後、磐井が手放した糟屋の屯倉には筑紫の館（むろつみ）があり、大陸や半島との対外貿易の拠点だったのです。磐井が持っていたその利権を単に取り上げるための戦いで、この戦いが実際にあったとすれば、豪族間の談合と利権争いのためだった可能性があります。

当時、豪族たちに擁立されていた王権の皇子が、勾大兄皇子（安閑帝）と檜隈高田皇子（宣化帝）だったと思われます。大男迹が勾大兄皇子の後見役として実権を握った可能性があるのです。

更に、継体紀の七年九月の条での勾大兄と春日皇女の詩のやり取りの中で、春日皇女が勾大兄を（わがおほきみ）と表現しています。大男迹がまだ天皇在位とされている時の詩です。大男迹は王であったとしても、「おほきみ・大王」ではなかったのではないでしょうか。大男迹はこの時代の豪族の一人だと思います。他に全国各地に豪族がいたと思われます。

この時代は各地の豪族の力が増し、「大王」の実権が落ち、名ばかりの王権であった可能性も感じられます。

しかし、血統を重んじる我が国では、王権の血筋は「おほきみ」として、それなりに尊敬され、引き継がれていたのだと思います。たとえ実権がなかったとしても。

「おほきみ」は二頭政治になる前、倭国の豪族たちを束ねていた統治者だったのです。

先ほど述べましたように、大迹王（継体）は七年十二月の条で「私は天子の血統を娶《めと》って国家を確保した」と言い、又、二十四年二月の条で「小泊瀬（武烈）の王を下し、天下を運良く引き継いだ」とあるように、彼が「応神五世の孫」といわれる皇統の可能性は当てにならないと言わざるを得ません。

ですから、安閑・宣化帝が前に述べましたように皇統であったとすれば逆に、継体の皇子の欽明が皇位を継ぐ資格を持っているかどうかについては異論も出る可能性があったと思われるのです。

その異論も出そうな欽明に宣化帝の娘の石姫を皇后として入れて、皇位に就かせたのが、大臣の稲目であった可能性があるのです。

その負い目もあり、欽明は稲目に「祭祀権」を譲って「天皇（アメキミ）」の呼称を認めざるを得なかったのではないでしょうか。

「十七条憲法」

この二頭政治の時代の我が国での特筆されるべき事跡は、推古紀の皇太子によるとされている「十七条憲法」です。これをまとめたということは、我が国が中央集権国家になろうとした証しでもあります。即ち官僚による政治が始まったのです。

この条文の中には「國造」と「國司」が並んで出てきています。これは、この頃が未だ地方分権国家から中央集権国家への移行期間であったためと思われます。

この十七条憲法は、当時の官僚たちに対する心得集であり、その内容は規律を重んじ、国民に対する公平を求め、それぞれが、己の能力を高めて、国家統治を官僚間で民主的に進めさせるという、人皇の理想とする国家の実現に対する、並々ならぬ決意がうかがえるものです。

十七条憲法各条通訳（著者訳文）

第一条（上と和し、下と睦んで穏やかに論ぜよ）

和を貴び、乱さないように心がけよ。各氏族にはどれもいろいろな人がいるが、広く事理に通達している人は少ない。であるので、或いは、君父に従わず、又、近隣といさかいを起こすことがある。上に和し、下と睦んで、穏やかに事を論ずれば、事の道理はおのずからわかりあえて、事が解決しないことなどない。

第二条（三宝を敬え）

熱心に三宝を敬え。三宝は仏法僧のこと。即ち、四生に行き着くことが、全ての国にとっての目的である。この法を重んじない、どんな世でも、どんな人でも、人は恨み、憎むことが明らかだ。よく従わしめよ。そもそも三宝に帰依しなければ、一体どうやって曲がったことを正せるといえようか。

（著者注：「三宝は仏法僧のこと」のフレーズは挿入文と思われ、この条文とは無縁のものと思われます。この条文の「三宝」とは孟子が言う、土地・人民・政治のことのようです。又「三宝に帰依しなければ」の「三宝」は「四生の教え」の間違いのようです。「四生」とは「1．戦ったり争ったりしない。2．臣は道を積み、吏は徳を積み、民は働き、女は衣を作り、丈夫は食物を作る。3．君は仁を積み、吏は愛を積み、民は順を積み、刑罰を廃する。4．民を使うには時がある、時節を守り、病がないこと」（新書脩政語下篇・漢：賈誼撰））

第三条（詔を承り、決してゆるがせにしてはならない）

詔を承り、決してゆるがせにしてはならない。主君は天である。臣下は地である。天は（全てを）覆い、地は（全てを）上に載せる。（だから）季節はめぐり、万物は遍《あまね》く広がる。地が天を覆うことを望めば世の破滅を招くのみである。だから、主君が言い、臣下が承る。上が行い、下が随う。もとより、詔を承って必ず従え、従わなければ自ずと敗れるのだ。

（著者注：この条は天皇主導の二頭政治を補強しているようです）

第四条（群卿と官僚達は禮をその基本とせよ）

郡卿と官僚達は禮をその基本とせよ。それは民を治める本、要は禮にある。上に禮を重んずる気持ちがなければ、下はつつしみがなくなる。下に禮がなければ、きっと悪いことをする。だから、群臣が禮を重んずれば、階級の乱れは起きず、公民に禮を重んずる気持ちがあれば、国家は自ずと治まるものだ。

第五条（訴訟に対して、賄賂を受けてはならない。公平に見よ）

貪《むさぼ》ることを絶ち、欲を棄てて、訴訟は明快に見分けよ。公民の訴えは一日に千件にのぼる。一日でもこのように上がってきて、それが毎年のことである。このごろ、訴えを聞く者は賂《まいない》を受けて取り調べをし、利を得ることを常としている。即ち、金持ちの訴えは水に石を投げるように効果があるが、貧しいものの訴えは石に水をかけるに似て、何にもならない。だから、貧しい民が臣下としての本分の依って来るところを知らないのも、又、ただ責めるわけにもいかないのだ。

第六条（懲悪勧善をむねとせよ）

懲悪勧善は昔からの良い教えだ。だから、人の善い所は隠す必要はなく、悪を見たら必ず正すことだ。諂詐《てんさ》（へつらい騙す）者は、まさに国家の優れた才能を覆い隠し、まさに人民の活力を折ってしまう。

第七条（官職には適材をあてよ）

人はそれぞれ任された役目がある。役目を超えてはならない。賢哲（賢くて物事に明らかな人）に司を任せれば賛美の声が上がる。よこしまな者が官に在れば、禍や乱れが頻繁に起きる。世に上智の資質を持っている者は少ない。強い思いを持てばその道の達人ともなれる。政の重要さの大少にかかわらず、人を得れば必ず治まる。しかるべき時をたがえなければ、差し迫ることなどない。賢い人を迎えて、任せておけばよいのだ。そうすれば国家は永久で、政（まつりごと）に危うきはない。もとより、古の聖王は官のために人を求め、人のために官を求めたのではないのだ。

第八条（群卿や官吏たちは朝早く来て、日暮れてから退出せよ）

群卿や官吏達は早く朝廷に来て、日暮れてから退け。公の仕事は間違いがあってはならない。念入りにすれば一日かけてもやり終えることは難しい。朝廷に来るのが遅れれば、急なことには間に合わない。早く退出してしまえば不十分な仕事になってしまう。

第九条（信・誠を持って仕事をしなさい）

信（誠）を持ちなさい。これこそ、共に仕える者の道である。常に信（誠）を持ち続けることだ。事の善悪、事の成功か失敗かの要は信（誠）にある。群臣が皆誠を持っていればできないことなどあろうか。群臣に誠がなければ全てのことが悉《ことごと》く失敗するのだ。

第十条（人を疑ったり、怒ったりしないで、信じ合って仕事をしなさい）

恨みを絶ち、怒りを棄てよ。人が同調しなくても怒ってはならない。人には皆心がある。心にはそれぞれ固執するものがある。彼の「是」は我の「非」であり、我の「是」は彼の「非」なのだ。我はたしかに優秀ではないし、彼もまたきっと愚か者ではない。ただ、共に普通の人なのだ。是非の理を誰がよく決められようか。お互いに、賢いとか愚かというのは環《わ》のようなもので端はない。だから、彼の人のことを怒ったとしても、また今度は、自分の失敗に恐れを抱くことになるのだ。自分ひとりで任に当たったとしても、多くの官が一緒に担って仕事をしているのだ。

第十一条（賞罰は道理に合ったものにしなさい）

功罪を明確にせよ。賞罰は必ず道理に合わせよ。よく功あらざるものを誉め、罪あらざるものを罰するといわれている。事を執り行う群卿は、先ず賞罰を明確に行え。

第十二条（国司・國造は人民に課税をしてはならない）

国司・國造は人民に賦課してはならない。国に二人の主君がいてはならないし、民に二人の主君は要らない。天下の多くの民は皆、王を主としている。司を任せている官吏は皆、王の臣下である。何で敢えて国とともに（二重に）公民に賦課するのか。

（著者注：過渡期として、未だ國造の名称は残していても、自主権を取り上げて、國造の名のまま統治の組織に組み込んでいたようです）

第十三条（官吏は全ての官職を理解するようにしなさい）

いろいろ任されている官吏は皆、仕事を同じように理解せよ。病気や或は使いに出るなどして欠員が出るときがある。かくして（理解していれば）、初めてその仕事をする日でも前々からの担当者のように溶け込んで、あれこれと仕事について聞くこともない。公務を滞らせることもないのだ。

第十四条（群臣や官僚は嫉妬の心を持ってはならない）

群臣や官僚達は嫉妬の心を持ってはならない。我も人を嫉《ねた》んだことがある。人もまた、我を嫉む。嫉妬の禍はその極まりを知らない。だから、己に勝る智を喜ばず、己に優る才能を嫉む。そうすれば（群臣や官僚が嫉妬の心を持たなければ）五百年の今、賢者にめぐり合えたことになるのだ、千年に一人出る聖人を待つことなどはできない。賢聖がいなければどうやって国を治めてゆくというのだ。

第十五条（私利私欲を棄てて仕事と向き合いなさい）

個人の思いは捨てて、仕事に向き合いなさい。これは臣下たる者の道である。凡そ人には個人の思いがあり、きっと怒り憎む心がある。うらみ憎む心があればきっと協調していない。協調していなければ、即ち個人の思いで職務を妨げているのだ。うらみ憎む心が起きれば、即ち職分を違え、仏の教えをさまたげることにもなる。もとより最初の章で上下わきまえて和せ、と言ったが、それはこの気持ちもあったのだ。

（著者注：（仏の教え）以下は後からの挿入と思われます）

第十六条（民の使役には時期を考えなさい）

民は時をはかって使えというは、古くからの良い教えである。もとより冬には閑があるので民を使役してもよい。春より秋に至っては農耕や養蚕の時期なので民を使役してはいけない。農耕をしなければ何を食べるというのか。養蚕しなければ何を着ればよいのか。

第十七条（事はよく話し合って決めなさい）

事を独断してはいけない。皆と一緒になって決めなさい。付帯事項でも話し合いなさい。これを軽く見てはいけない。集まって決めなさい。たとえ重要なことを論じ合ったとしても、どうしてよいかわからないことはある。昔から、皆と是非を分けて、説き語り合って、道理を得てきたのだ。

（著者注：特に第十七条の解釈については、従来は原文の文節の区切りが間違っていて意味を取り違えています）

この十七条憲法の内容は、現代においても全く当てはまるものばかりです。現在の官僚に対してこのような倫理観を植え付けるような次官達や政治家はいないのでしょうか。あるいは、このような「心得」は既に教育していて、それでも今のようなていたらくなのでしょうか。

三．「乙巳《いっし》の変」・二頭政治の終焉

この後、我が国では六四五年に「乙巳の変」といわれている「政変」が起きました。それは、中大兄皇太子が蘇我入鹿を宮廷に呼び出し、儀式を装って暗殺したのです。入鹿が殺された後、蘇我蝦夷も後を追うように自刃し蘇我本宗家は消滅してしまいました。即ち、もう一方の役割の「王・天皇（アメキミ）」が居なくなったのです。

書紀では、中大兄は事件を起こした時に皇極帝に対して「鞍作（入鹿）は天一族を亡ぼし、天皇位を覆そうとしております。どうして天孫を鞍作に代えることができましょうか」と言ったとあります。

一方で、入鹿が切りつけられた後、入鹿が皇極帝に助けを求めた時の発言が、不用意に書紀に書かれています。

入鹿は皇極帝に訴えるように「（私は）まさに位を継がんとしている天の子でございます。私には罪がわかりません。どうかよくお考えください」（筆者訳文、原文：當居嗣位天之子也臣不知罪乞垂審察）と助けを求めています。即ち自分は天子の子で将来は天子ですよ、と言っているのです。

書紀の記述では大臣の息子であるハズの「入鹿」が「自分は天子の皇子だ」と言っているのです。やはり二頭政治だったのです。

この文章に対して従来は「家伝には、當居嗣位天之子也、のフレーズがなく（ないことの方が）この方が自然」と解説しています。即ち書紀のこの文章は「本来無かった方が自然」として、無視しようとしています。大系本はこの文を「当（まさ）に嗣位（ひつぎのくらい）の居（ましま）すべきは、天子（あめのみこ）なり」という、意味不明というか入鹿の反省の弁とも取れる読み下しをしています。

即ち、この文を従来風に読み下せば、

「（私は）当（まさ）に嗣位（ひつぎのくらい・皇位継承者：皇太子）に居（ましま）すべき天子の皇子（あめのみこ）なり」

と読むべきなのです。

大系本は二頭政治の立場に立っていませんから、このような読み下しと注釈が付くのです。

（著者注：家伝の詳細は私には不明です）

冷静に読めば、書紀の蘇我四代の記述の中に不穏な動きは書かれていません。むしろ、蝦夷が田村皇子の王位継承を強力に推し進めてもいます。

そこで、中大兄が言うように、蘇我入鹿は本当に天一族を亡ぼそうとしていたのでしょうか。次に、中大兄に殺された入鹿の横暴記事と思われる事項を整理してみます。

1　皇極紀の最初に、「蘇我臣の蝦夷を元のように大臣にいたしました。大臣の児の入鹿（またの名を鞍作と言います）は自ら国政を執り、その威勢は父を凌いでおりました。こんなわけで盗賊ですら、恐れて路に落ちていたものも拾わないほどでした」

2　「蘇我臣の入鹿がまさに、上宮王達を滅ぼして、古人大兄を天皇位に就けてしまおうとした」（皇極二年十月十二日）とありますが、この事件の後で父親の蝦夷は怒り罵って「ああ、入鹿の愚かさも極まった。荒くれ者の勝手な行い、己の身の命も、また危うくなるのに」と言ったとあります。

3　中臣鎌子の説明文の中で「中臣鎌子連という人は中正で、（世の乱れを）正し救いたいと思う気持ちを持っていました。ですから蘇我臣入鹿が君臣長幼の秩序を失い、下心を持って国家を密かに伺っていることに憤りを感じておりました」とあります。

1では、入鹿が父親を凌ぐとは言っていますが、皇位を狙っているとは言っていません。しかし、「自ら国政を執り」の文言が不穏です。ただ、皇極二年十月六日の条に「蘇我蝦夷が子の入鹿に密かに紫冠を授け入鹿を大臣と呼んでいた」とあります。これはどう解釈すればよいのでしょうか。

大臣を任命するのは天皇であると書紀は述べています。それなのに書紀では「大臣」であるはずの蘇我蝦夷が息子の「入鹿」を大臣に任命しています。大臣が二人になったのでしょうか。蝦夷が大臣を解任された記事はありません。

やはりこれは蝦夷が「天皇」で、その権力で「人皇」の皇極帝に入鹿を大臣にするように働きかけたと考えるのが妥当のようです。

書紀はこの文章の後で「大臣（蝦夷）の祖母は物部弓削大連の妹ですので、その財のおかげで天下に威光を示すことができたのです」と書いています。即ち「入鹿」が「大臣」であったのは天下が知っていた、ということなのです。書紀は「天皇（アメキミ）」である蘇我蝦夷を「大臣」と表記していますから、そこで「密かに」という修飾語を使ったようです。

「入鹿」が「大臣」であったからこそ「盗賊に対してにらみを利かせていた」のです。

2では、書紀によれば、山背大兄の人気をねたんで他の皇族を皇位に就けたいと思ってやった、と書いています。ですから入鹿は皇統など狙っていません。

3では、入鹿が君臣長幼の秩序を失い、下心をもって国家を密かに窺《うかが》っているとありますが、事例は記述されておらず、単なる鎌子の杞憂が書かれているだけです。さらに言えば、父親の蝦夷については何も触れていません。皇位を狙っているとも書いてはいません。

即ち、武烈紀の平群真鳥大臣の場合は、皇位を狙ったとはっきり書かれていますが、蘇我蝦夷も入鹿も皇位を狙っているとは書かれていません。それなのに、中大兄は入鹿が「天一族を滅ぼし、天皇位を覆そうとしている」と言って入鹿を殺しているのです。

ではなぜ、中大兄たちは入鹿を暗殺してまでも、蘇我本宗家といわれている一族を排除したのでしょうか。

実際、蘇我大娘姫王の不満や、前述の「蝦夷は国の民を挑発して今來に大小二つの墓を造らせた」のような、二頭政治の弊害が多くなり、一本化を望む声が高まっていた可能性があります。

又、同じく前述の蘇我の事跡の4～7のように、蘇我氏が豪族などからの屯倉の奪取を続け、国政に対する発言力が大きくなって、大王派の危機感が高まったのでしょう。

更に、今述べましたように、蘇我蝦夷の意向に皇極帝が逆らえないほどになり、結局天皇が息子を大臣にして、国の統治も手中に入れてしまったことが「天皇派」に一本化されることを恐れた「人皇派」の中大兄達にクーデターを起こさせた原因だった可能性があります。それを、書紀は強大な実権を握った蘇我氏と中大兄皇子との権力争いに矮小化していたのです。

孝徳帝の詔は、新天皇に即位した孝徳自身の（あるいは陰にいる中大兄の）所信表明ということになります。書紀に記述されている孝徳帝の詔の中身は単に東国だけに限っているようには見えませんが、書き出しは、「東国の国司たちがあいさつに来た折に」ということになっています。これは、我が国の西国では既に周知していることを、東国にも同じ統治スタイルで徹底しようとしていて、いろいろ善悪の例として述べられているのは全て東国の国司等に対するものになっているのです。朝廷を近畿に移した孝徳帝が、それを機に東国も含めた我が国全体を同じルールで統治しようと考えた、その詔のように書かれています。

ところが、これはそんな穏やかなものではなかったことはもう読者のおわかりの通りなのです。動機はともあれ、蘇我本宗家を排除した中大兄と中臣鎌子は新しい政治を進めたのです。

この後の中大兄をバックとした孝徳帝の詔は「大化の改新の詔」と言われ、八世紀初頭の大宝律令につながる一大変革が行われているのです。税制や律令等を新たに制定したというような施策の問題もありますが、二頭政治から、大王（おほきみ）による一頭支配への回帰、いや、天皇一頭政治への大きな変革が行われたのです。

第三章　唐との戦いと敗戦

一．孝徳帝による中央集権政治の始まり

このようにして蘇我本宗家を倒した「乙巳の変」の後、皇極帝からバトンを引き継いだ孝徳帝に、中大兄皇太子が上奏した次の記述があります。

「孝徳二年三月二十日の中大兄皇太子の孝徳帝に対する発言」

「天に二つの太陽はありません。国に二人の王もいません。もとより天下を兼ね併せ、万民を使うべきは、ただ天皇のみでございます。入部及び、封じられていた民を分けて、仕丁に選び充てる今までのやり方では、それ以外を駆り集めて私に使役する恐れがあります。」（筆者訳文）

この原文は、

天無雙日國無二王是故兼并天下可使萬民唯天皇耳
別以入部及所封民簡充仕丁從前處分　自餘以外恐私駈役

です。

「兼ね併せる」と言っていることから、「天」と「下」とは一体ではなく、「天の意志」と「地上の秩序」の二つのものを兼ね併せると言っているのだと思われます。ですから、「天下」とは、「天意と国の統治」を兼ね併せた結果の「世の中全て」ととらえているのです。

この中大兄の発言は、天にも国にも、もう王は二人いないのだから、今後は孝徳帝がそれを兼ね併せてくださいと言っています。即ち、これは天に輝く地位の人（天皇）も、国王（人皇）もどちらも同じような権力を行使していては、統治がうまくいかなかったけれど、今後はそれを兼ね併せて政治を行いましょうと言っているのです。書紀は孝徳帝の前の時代では、入部等の民を二つの権力構造（天皇と人皇）が取り合っていたと、述べているのです。

我が国の中央集権化の動きは、先にも述べましたように、屯倉の積極的な取得、十二階位の制定、十七条憲法など、既に蘇我氏が推し進めていました。それを一頭政治とした、孝徳帝と中大兄皇子がさらに推し進めていくことになったのです。

二．中大兄皇太子（天智帝）による唐との戦い

そんな中、唐と新羅による高句麗・百済侵攻が起きました。我が国は、百済の要請を受けた形でこの争いに割って入ったのですが、書紀はつぶさに戦況を語っています。

（著者訳文）

斉明七年（六六一年）八月、前将軍として大花下の阿曇比羅夫連、小花下の河邊百枝臣達、後詰めの将軍として大花下阿倍引田比羅夫臣と大山上の物部連熊・同じく守君大石達

を派遣して百済の救済に向かわせました。

同年九月、皇太子（中大兄）は（我が国にいた）百済の王子豊璋に織冠を授け、又、大山下狭井連檳榔（あじまさ）達と共に五千の兵を百済に送りました。

同年十二月、唐軍は高麗に攻め入りましたが、寒さのため進軍できず、そこで百済を攻めることにしました。

天智元年（六六二年）正月、百済の佐平鬼室福信に矢十万雙・絲五百斤・綿一千斤・布一千端・なめし皮一千張・稲籾三千斛（こく）を送りました。

同年五月、大将軍比羅夫連達は水軍百七十艘を率いて、豊璋達を百済国に送りました。

天智二年（六六三年）三月、前攻めの将軍上毛野君稚子と間人連大蓋、中攻めの将軍巨勢神前臣訳語と三輪君根麻呂、後攻めの将軍阿倍引田臣比羅夫と大宅臣鎌柄に二万七千人を率いさせて派遣し新羅を討ちました。

同年八月十三日、新羅が州柔に攻めて来ることを知った百済（の誰かは不明）は諸将に「今、大日本國（大倭國の潤色）の救援の將盧原（いほはら）君臣が精鋭一万余を率いて、まさに海を渡ってくるということを聞いた。諸将軍はこれに呼応してほしい。我は自ら白村に行き迎えようと思う」と言いました。

同八月十七日、新羅が（百済の）州柔の王城を焼き、大唐軍の將は軍船百七十艘を白村江に並べて陣をしいていました。

同八月二十七日、日本の（倭の）到着した水軍と大唐の水軍が合戦に入り日本（倭）は不利となり引きました。大唐は堅陣を守ったのです。

同八月二十八日、日本（倭）の諸将と百済王は状況をよく見もせずに「我らが先を争って進めば彼らは退却する」と言い、隊列が乱れたままの中軍の集団を率いて大唐の堅い守りの軍に打ちかかりました。大唐は左右から船で挟みこんできて、（倭軍）を囲んで戦いました。

すぐに官軍（倭軍）は負け続け、海に落ちて溺死するものが後を絶ちませんでした。

この時、百済王と数人が船に乗って高麗に逃走いたしました。

（著者注：この記事の「日本」とあるのは「倭」のことです。書紀は日本国の歴史書とされていますから、「倭」とは書いていないのですが、これは編者のミスの可能性があります。なぜかと言えば、書紀は「日本国」の立場で書かれ、

　後で述べますが、「日本国」ではなく「倭国」が唐と戦って敗れたと主張している筈だからです）

　我が軍はこのようにして、半島の白村江で六六三年八月唐軍に壊滅され大敗を喫したのです。この戦いの後、九州は唐軍に侵入され占領されたのです。

三．唐軍の九州侵攻

九州の太宰府はいつ置かれたのか

　当時、太宰府が置かれていたら、当然のことながら、唐軍の侵入を防ぐための戦いがあったはずです。ところが日本書紀にそのような記述は見当たりません。太宰府は未だ無かったようなのです。次の抜粋年表（日本書紀から抜粋。訳は著者）をご覧ください。

【抜粋年表】

西暦	天皇年号	記事	備考
609	推古17年（4月4日）	**筑紫の大宰**が推古帝に「百済の僧10人と民75人が肥後国の葦北にやって来た」と上奏しました。	肥後国は６９０年頃誕生。
643	皇極2年4月	**筑紫の大宰**（オホミコトモチ）が驛馬を駆けさせて来て「百済国主の児の翹岐と弟の王子が調（ミツキ）の使いと共にやってきました」と奏上しました。	「宰：みこともち」は地方官。「大」は「上の者、長」（古語辞典）
643	皇極2年6月	**筑紫の大宰**が驛馬を駆けさせてやって来て「高麗の使いがやって来ました」と奏上しました。	
646	（大化）孝徳2年正月	「初めて京を整え畿内に国司・郡司・関所・斥候（物見）・防人（辺境を守る兵）・驛馬・傳馬及び、驛鈴と通関手形を作り整え、山川を定めました。	
649	（大化）孝徳5年3月	皇太子は初めて大臣の心が全く正しく清らかであったことを知りました。後から、悔い恥じる思いが高まり、悲しみ嘆いて眠れないほどでした。すぐに日向臣を**筑紫大宰帥**に任じました。世間では「これは流罪のようなものだ」と言い合いました。	「大宰帥」は不思議な表現。「大」と「帥」がダブっています。
664	天智3年5月	百済鎮圧の将、劉仁願は朝散太夫の郭務悰を派遣してきて、上表文が入った箱と品物を献上しました。	天智2年8月白村江で敗れる。

唐軍が九州筑紫の都府楼に駐留していたと思われる期間					
664	665	667	668	669	670
天智3年12月	天智4年8月	天智6年11月	天智7年	天智8年	天智9年
この年、対馬嶋、壹岐嶋及び、筑紫国等に備え（の兵士）と烽火（台）を置きました。又、筑紫に大きな堤を作って水を貯めました。名付けて水城と言いました。	達率の答モク（火偏に本は木の誤りか）春初（トウモクシュンショ）を派遣して長門国に城を築き、達率の憶禮福留と達率の四比福夫を筑紫国に遣って大野と椽（タルキ・キ？）の二つの城を築きました。	百済鎮圧の将、劉仁願は熊津都督府熊山縣令の上柱國司馬法聰達を派遣して、大山下境部連石積達を筑紫都督府に送りました。 この月、倭国に高安城、讃吉国山田郡に屋島城、対馬国に金田城を造りました。	栗前王に**筑紫の率**を授けました。	蘇我赤兄臣は**筑紫の率**を拝命いたしました。大唐は郭務悰達二千人余りを派遣してきました。	高安城を整備して穀物と鹽を蓄えました。又、長門に城を一つ、筑紫に城を二つ築きました。
		九州以外の地対馬（誰が造）		春正月 十二月	

唐軍が九州筑紫の都府楼に駐留していたと思われる期間

671	天智10年	この月、栗隈王を**筑紫の率**にしました。	六月
671	天智10年11月10日	対馬の国司が**筑紫太宰府**に使いを遣して「この月の二日、沙門道久、筑紫君薩野馬、韓嶋勝娑婆、布師首磐の四人が唐より来て、『唐國の使いの郭務悰達六百人と送使の沙宅孫登達一千四百人、合わせて二千人が船四十七隻に乗って、共に比知嶋（ヒチシマ）につきました』と言い、今、我に続いて多くの人と船が、すぐにかの地にやって来ます。かの地の防人が驚いて射戦になる恐れがあると、それぞれが言い合っております」と言いました。そこで、道久達を（防人達の所に）遣って（彼らの）来朝の意味、事情を説明して安心させることに勉めました。	持統紀では土師連富杼。氷連老。筑紫君薩夜麻。弓削連元寶兒四人送使は百済の官吏の孫登達で達率。預梢：預は安んずる、梢は尽くす。
671	天智10年	天智帝崩御（12月）＊672年2月説有り。	
672	天武元年五月	甲冑と弓矢を郭務悰達に賜りました。この日郭務悰達に賜ったものは、全て合わせると、つむぎ千六百七十三匹、布二千八百五十二端、綿六百六十六斤です。この後、郭務悰達が挨拶をして帰りました。	
	天武元年	壬申の乱始まる	六月

		大友皇子と栗隈王のやりとり。	6月28日
675	天武4年	筑紫から唐人三十人を貢いで来ましたので、遠江国に住まわせました。	10月16日
676	天武5年9月12日	**筑紫の大宰**で三位の屋垣王が罰せられて土佐に流されました。	大宰は執政官の長（中国）

参考：持統4年（６９０年）10月22日：筑後国上陽咩郡の人、大伴部博麻に詔して「天豊財重日足姫天皇の七年に、百済を救うための戦いで、お前は唐軍の捕虜となり辛い目にあった。天命開別天皇の三年に、土師連富杼（トミヒ）、氷連老、筑紫君薩夜麻、弓削連元寶兒の四人が、唐人の計画を知らせようと思うが、着る物も食べるものもなくて、どうしようもなかった時に、博麻が土師の富杼に、私も皆さんと本国に戻りたいのですが、着る物も食べる物もなくてはどうしようもありません。どうか私の身を売って、衣食に充ててくださいと言い、富杼達は博麻の計らいで本国に戻ることができた（現代語訳は著者）。

書紀の「筑紫の太宰府」に関連していると思われる６７６年（天武5年）までの記事は、抜粋年表の太字にしたところですが9箇所あります。このうち「大宰府」の文字が見られるのは天智10年（６７１年）11月10日のみです。

先ず、推古17年に筑紫の大宰が推古帝に「百済の僧10人と民75人が肥後国の葦北にやってきた」と上奏したとありますが、この頃は「火国・肥国」で未だ肥前と肥後に分かれる前ですから「肥後国」は存在していません。この文は７Ｃ末頃の記事が書かれているようです。

孝徳5年に「筑紫大宰帥」の語があり、解説で「太宰府の帥」のこと、とありますが、そうは書いてありません。これは、編者が「太宰府帥」と書きたかったけれど、未だ太宰府と称されるものがないときだった事に気づいて、この表現にしたのだと、私は思います。大系本は「おおみこともちのかみ」としていますが、これは「地方官の長の長官」という変な表現です。

その他4箇所は「筑紫の大宰（おほみこともち、執政官・地方官の長）」、3箇所は「筑紫の率（帥・かみ、に同じで従来、太宰府の長官とされています）」です。

「筑紫」は筑紫国、或いは筑紫地方とも読めますが、書紀は九州を「筑紫島」（武烈紀4年・欽明紀15年）とも表現しており、九州全体を意味している可能性もあります。

「大宰」は「地方官の長」という意味ですが、筑紫が国を指すのか、地方なのか、九州なのかが不明です。地方か九州全体を指すとした場合、これ以前に「國造を廃して地方官を置いた」という記事は見当たりません。では、「筑紫の大宰」とは何を指しているのでしょうか。

「筑紫の大宰」というのは当時博多湾岸にあったとされている「筑紫の館（たち・むろつみ）」の長官と思われています。「筑紫の館」は後の「鴻臚館（初見は9世紀）」です。磐井の乱で大迹王と大伴金村が磐井から取り上げた「糟屋の屯倉（博多湾岸一帯）」にあります。後に、宣化元年5月の記事に「那津之口の官家」としても登場しています。

ここは、半島や大陸との交易の窓口で、多くの地方官（宰・みこともち）が派遣されていたと思われ、その長官が大宰（おほみこともち）と呼ばれていたようです。ですから、「筑紫の大宰」という表現から「太宰府」という政府機関が内陸部に置かれていた証拠にはならないのです。

又、栗隈王の「筑紫の率」記事は、重複や赤兄臣の拝命記事などの混乱が見られ、「筑紫の率」の記事の信憑性は低いようです。さらに、この天智７年（６６８年）や天智10年（６７１年６月）の栗隈王を筑紫の率にしたという記事は、「壬申の乱」の物語に「合わせるため」に書き込まれたものが重複したようです。

その「壬申の乱」では翌年の天武元年（６７２年）６月26日に大友皇子は佐伯連男を筑紫に遣って栗隈王に味方になるように説得しようとしたが失敗した、とあるからです。ですから前年に「栗隈王という筑紫の率」を設定しておく必要があったのだと思います。もし、「筑紫の率」が「太宰府の長官」の意味だとしたら、この「栗隈王・筑紫の率」の記事と次の書紀本文を重ねると、これらが架空の話であることがよくわかります。

先ほどの抜粋年表の天智10年（６７１年11月）の記事では、対馬からの国司の使いが「唐軍が来る」ということを太宰府に伝えたとありますが、書紀では、その後筑紫にやってきた道久達を遣って防人達に（戦わないように）説明して回らせた、とあります。

もし筑紫の率として栗隈王が居たとしたら、栗隈王は先ず国を守るための動きにでるはずです。しかし、逆に、唐軍の上陸を助ける動きをしたことになっているのです。しかも、４年前と２年前に、書紀の記述では唐軍が既に我が国に来ているのです。やはり、この「栗隈王の筑紫の率任命」というのは、架空の話だったと思われます。

このように「筑紫の率」が太宰府の存在を証拠づけるものではないことは、その機能が行使されていないことからも明白であることはご理解いただけたと思います。尚、この「筑紫の率」については後ほど少し触れたいと思います。

亦、文徳実録（８７９年）に『太宰府は西の外れの大都市で、我が国の領袖（かしら・代表）である。東は長門を以て関とし、西は新羅に相対している。このように九国二島の郡県は遠く広く「古」より今に到るまで重鎮となす』とあるそうで、「古より」とあって、いつからとの記述はありません。しかし九国二島とあることから、ここでいう「古」は西海道が制定された６９０年頃以降を思わせる記述です。

（著者注：文徳実録というのは、我が国の六国史の第五で８５０年～８５８年の正史です）

これらのことから、６６４年の唐軍の九州侵攻当時、九州に太宰府は未だ無かったのです。しかも、筑紫の君薩野馬の先導で唐軍は易々と九州に侵攻してしまったのです。如何に半島で唐軍に惨敗したとはいえ、我が国が無抵抗で、九州に唐軍の侵入を許したのは不思議です。

実態は恐らく、唐軍の捕虜だった薩野馬が筑紫の國造（王）であることを知った彼らは、羈縻統治をする目的で薩野馬を懐柔し「筑紫の率」にする約束で味方につけて、九州上陸を果たしたのではないかと考えられるのです。

唐軍による筑紫都督府の設置（神籠石・朝鮮式山城の築成）

先ほどの抜粋年表の６６７年（天智6年11月）に「百済鎮圧の将、劉仁願は熊津都督府熊山縣令の上柱國司馬法聰達を派遣して、大山下境部連石積達を筑紫都督府に送りました」とあります。熊津都督府は唐軍が置いたのは明らかです。その熊津都督府から筑紫都督府に上柱國司馬法聰達を派遣してきたとありますから、筑紫都督府も唐軍の支配下で設置されたのは明らかなのです。

この唐軍が侵攻してきて九州に筑紫都督府を置いた場所は現在、太宰府跡とされているところです。ここは都府楼跡とも言われています。都府楼というのは唐が置いたと思われる都督府の建物のことです。

　この頃造られたと言われている九州各地と瀬戸内沿岸に展開している神籠石などの古代山城が実は、現在、太宰府と呼ばれている地に筑紫都督府があった証拠なのです。九州の神籠石などは「太宰府を守るために造られた」とされていますが、先ほどから書紀の記述等を考察しましたように当時九州に『太宰府があった証拠』はありません。

　むしろ、文徳実録が言うように太宰府は7世紀末から8世紀初冬以降に置かれたと思われますから、これら神籠石山城群が「太宰府を守った」というのはあり得ない話なのです。

　冷静に見れば、これらの九州の山城を内陸部に造って、海岸線に防禦設備を作っていないということは、従来言われているような「太宰府を守るために造られた」という解説が如《い》何《か》に的外れのものかがおわかりでしょう。

「太宰府」は我が国の役所ですから、我が国の朝廷が九州内で敵が発生することを想定することはあり得ません。特に水城などは明らかに福岡平野からの敵に備えた防御施設で、九州内の敵に対する防御施設なのは明らかです。九州が我が国の統治下にあったのならば、福岡平野の敵に備える必要など微塵もないのです。そうです、この地には、太宰府どころか、筑紫都督府・都府楼があったのです。筑紫都督府というのは唐軍による九州を羈縻統治するための拠点です。九州の神籠石山城群は都府を守るために造られたのです。

（付図参照）

１４３頁の図を一瞥すれば、九州の神籠石などの古代山城は「都府」を守るために造られていたのは明らかでしょう。それらの山城は雷山神籠石を除いて、全て、城に居て見張っていた兵士がいざとなれば下りて戦えるように地上まで斜めに城が造られています。雷山神籠石のみ鉢巻き状に造られていますが、博多湾を見下ろす場所ですので、博多湾に停泊している唐軍の水軍関係者のための見張りの山城のように見えます。

（著者注：対馬の金田城も唐軍が半島からの兵站《へいたん》のための中継点として造ったと考えられます）

一方、瀬戸内沿岸に展開している神籠石などの山城は、地図を見ても明らかなように、瀬戸内海を取り囲むように沿岸に造られています。日本海側や太平洋側に造られていないことから、やはり九州に唐軍が居たのです。九州に駐留している唐軍は容易に瀬戸内海を

（付図）古代山城の地図

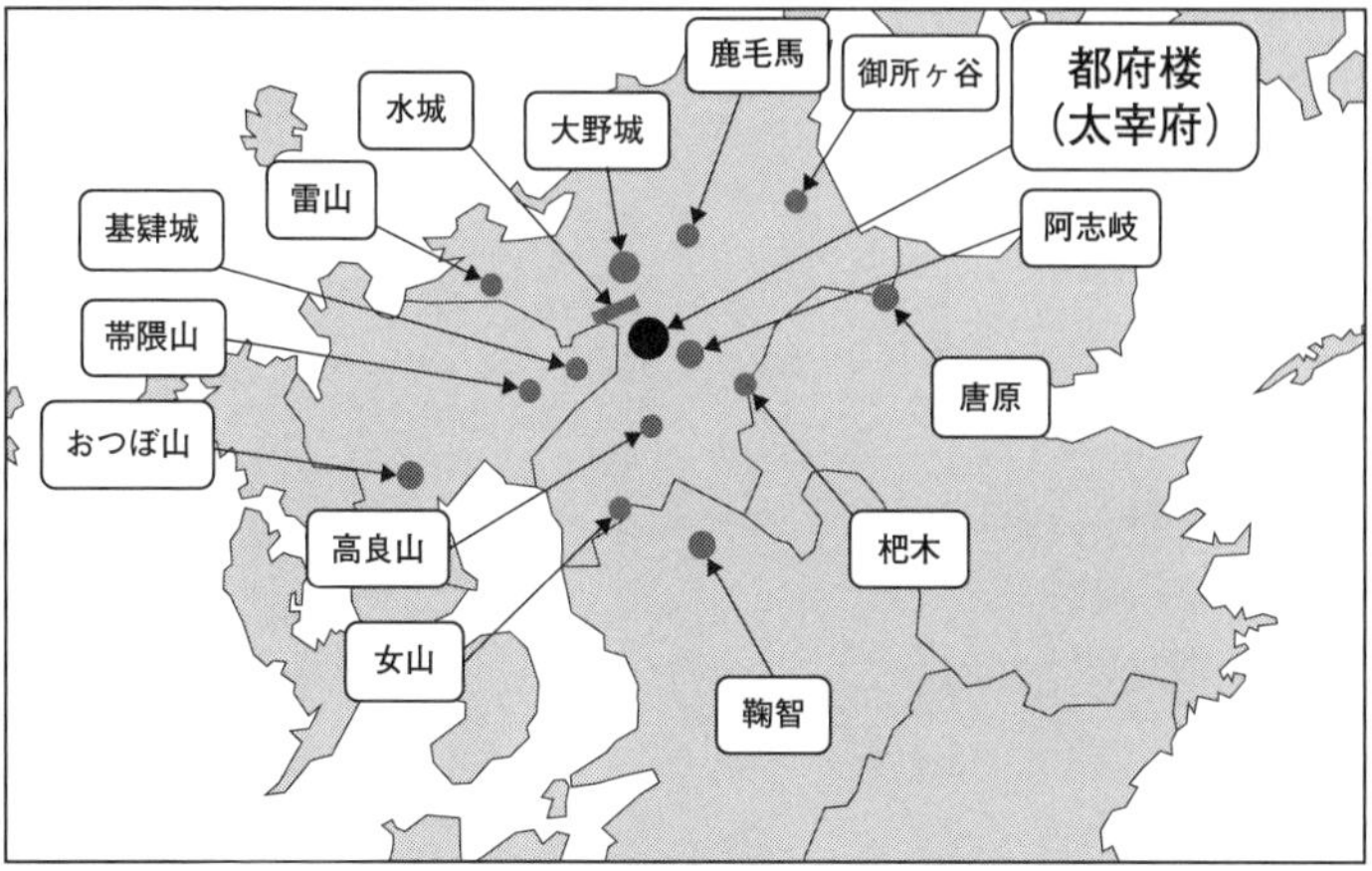

九州にある神籠石山城（朝鮮式山城）跡

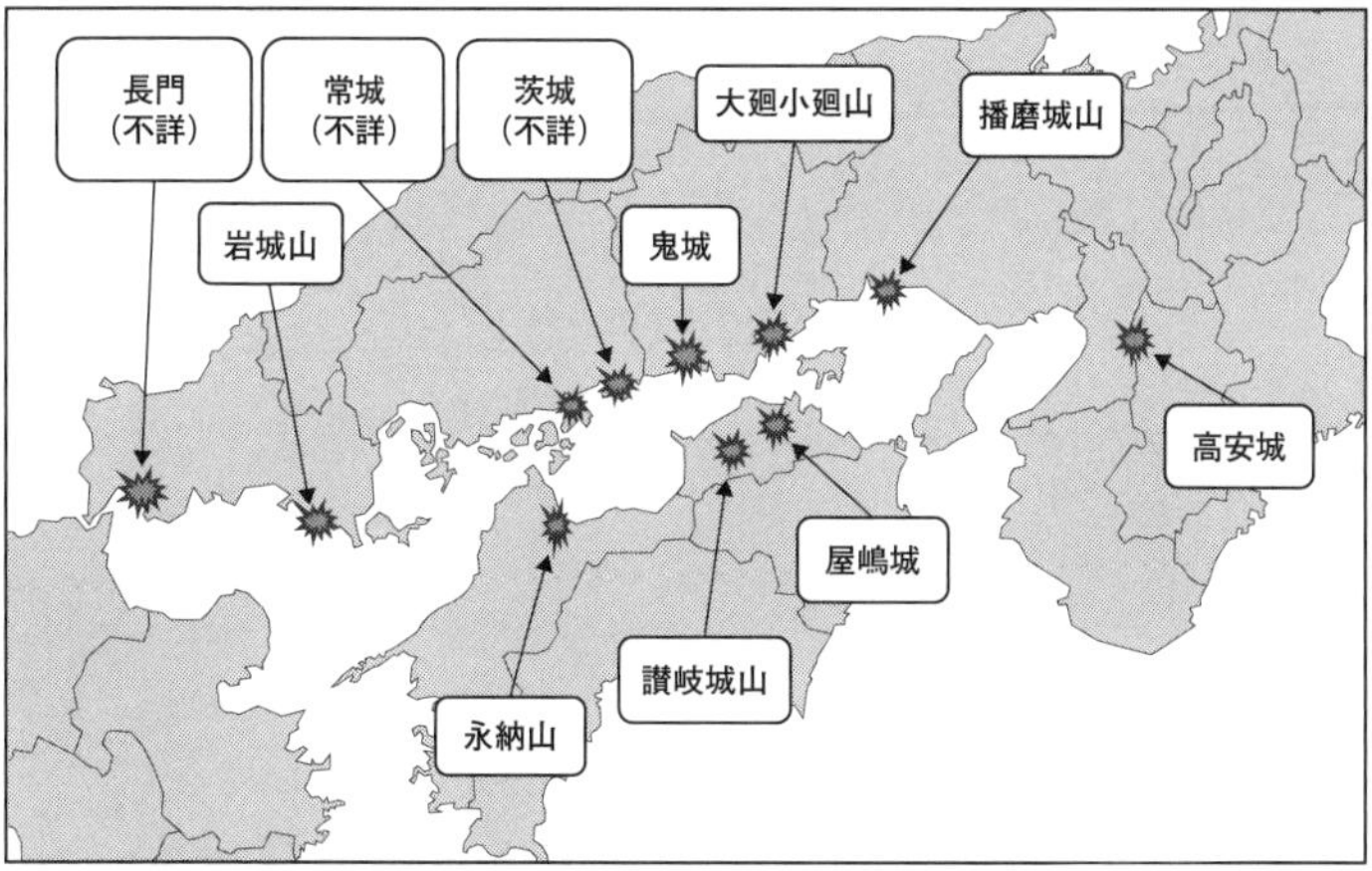

瀬戸内海沿岸神籠石山城（朝鮮式山城）跡

攻め上れますから、我が国中央へ侵攻する唐軍を見張るために造られたのです。それらは永納山城を除いて全て、見張りと烽火による監視のための山城と思われ、高地に鉢巻き状に城が造られています。

永納山城の在る場所は、後の村上水軍の本拠地の一つと思われ、その城は見張っていた水軍が、来島海峡をやってくる敵を迎え撃つために、直ぐ下りて敵の水軍を、我が国の水軍で迎え撃てるように、斜めに造られた山城構造になっています。

しかし、この瀬戸内沿岸の山城を造らせた天智帝は琵琶湖畔にその居を遷してしまっていたのです。このような行動は「我が国を守る」というよりも「自身の安全を第一としている」ように見えます。それら瀬戸内沿岸の山城と共に、高安城に居て全軍を指揮する振る舞いには見えません。百済救済のために大軍を派遣し、敗れ去ると自身は琵琶湖畔に逃れてしまうような行動は彼（天智）が百済系の人物ではないかと私が考えてしまう理由の一つでもあります。

第四章　倭国から日本国へ

一．敗戦後の我が国

中国唐の歴史書である旧唐書では七〇三年に初めて「日本国」から使いが来たと書いています。それまで来ていた倭国とは違う国だとしているのです。（名前を変えただけではないかと少し疑っているようですが）我が国は倭国だったはずです。

隋書によれば六〇七年に倭国の天子を名乗るタリシホコが小野妹子を使わしてきた、と書いています。先ほど述べましたように「タリシホコ」は蘇我馬子天皇のことでしょう。

一方、書紀では斉明五年（六五九年）七月三日の記述で、難波三津の浦を出た唐への使いの船が途中遭難に遭い何人かが命からがら東京（中国）に着いて天子と謁見したという伊吉連博徳の書の引用があります。そこでは天子が「日本国の天皇は恙ないか」と尋ねたことになっています。七〇三年に初めて唐の歴史書に現れる「日本国」の表記が日本書紀では六五九年ころの博徳の書からの引用の形で出てくるのです。

しかし、この博徳の書をよく読むと、この後の方で、博徳は「朝廷で天子にまみえた諸蕃国の中で倭の客が一番優っていた」と明らかに博徳は自分を倭国人と認識して書いているのです。更にその後の記述では、唐の皇帝からの勅が在ったとして、その内容は「国家（唐朝）は来年、東海で事を起こすことを決めた。お前達倭の客は東に帰ることはできない」というものだったとも書いています。

書紀の中でのこの引用文の冒頭では「日本国の天皇」と書かれていますが、唐の天子の認識は「倭国王」の可能性の方が高いのです。どうもこの「日本国」の記述は日本書紀による「倭国」からの潤色のようなのです。

又、「天皇」の呼称を唐の天子が使っているところも改変の証拠です。我が国の王が「天皇」を名乗っているということを、唐の天子が知っていたという兆候はどこにもありません。ですから、孝徳帝の時代はもちろんのこと、斉明帝の六六〇年、博徳が述べているように我が国は「倭国」だったのです。

それが四十年後の七〇三年になると、我が国は唐に「日本国」を名乗って国交を求めに行っているのです。六六〇年代まで倭国だった我が国が七〇〇年代初めに日本国になった、その間に起きたことといえば、それは先に述べました唐、新羅連合が高句麗、百済に対して起こした一大騒乱で、「白村江の戦い（六六三年）」に代表される唐との戦いで我が国が惨敗したことです。

この惨敗した我が国には、当然のことですが、先に述べましたように唐によって筑紫都督府を置かれ、九州が十年以上占領されていたのです。

私が記紀の編纂の経緯解明に至ったきっかけは、奥野正男氏（『考古学から見た邪馬台国の東遷』毎日新聞社）、並びに安本美典氏（『邪馬台国への道』徳間文庫）らが、その著書で「九州の朝倉中心の地名分布と、近畿の纏向中心の地名分布が酷似している」と述べておられるその事実でした（奥野正男氏・安本美典氏）。

現在我が国では「卑弥呼」が居た「邪馬台（壹）国」が九州か近畿かで論争が繰り広げられており、果てには「九州王朝説」と「近畿王朝説」が交雑されているように思えます。

そこで次に、九州と近畿の地名の類似を出発点として、我が国が「倭国」から「日本国」に変わってきた経緯を探ってみることにいたしましょう。

二、九州と近畿に地名の類似が起きたのはなぜか

もし、「九州倭国（王朝）」と「近畿日本国（王朝）」が列島内に併存していたとしたら、どうしてこのような地名の類似現象が起きるかを考えてみます。

その類似している地名は決して縄文時代のものとは思えないものばかりです。すると、九州倭国の朝倉中心の地域も、近畿の纏向中心の地域も人々が多く住んでいたと思われる地域なのですから、安本美典氏が例に挙げたアメリカへの英国からの移住のように荒野を開拓して人々が地名を携えて移り住む状況とは思えないのです。

また、奥野正男氏が言われる神武東征によるという考えも、筑紫から遙か離れた海沿いの日向からこの地に来たという神武が、朝倉中心の地名分布をこの地に生み出すことは考えられず、賛同しかねるのです。

類似地名に、大神神社、筑紫、額田、平群、葛城（木）、朝倉などがある（奥野正男氏・安本美典氏）ことからして、どう見ても、古墳時代以降、奈良時代までの間にこの地名の類似が現れたと考えるのが妥当でしょう。

近畿王朝が九州王朝を滅ぼしたからだと言われる方がいらっしゃるかもしれませんが、戦勝国が敗戦国の中心地の地名をわざわざおひざ元に遷《うつ》してくることなどおよそ考えられません。このように、地名の類似が移住や戦いによるものでないとしたら、これは政府が遷ってきて意識的に地名をつけたとしか考えられないのです。その合理的な説明を以下に試みます。

倭国は都を九州から近畿に遷都

日本書紀には「孝徳紀大化二年二月十五日」の条に「確かに都を遷してからまだ日は浅く」の記述があり、同じく、その前の正月の条に「初め（て）に畿内を定める」とあって、近畿のその畿内の範囲が明示されているのです。

このことはまた、従来は大王が居るところが「都」であったという、定着地の無い都の地を、「畿内」という形で、はじめて定着させたともとれるのです。言い換えれば、それまでは「九州」と言っていた大王のお膝元を「畿内」として近畿に遷したと述べているのです。

（著者注：「九州」と「畿内」はどちらも「天子が中心に居るところ」という意味で同義の言葉です）

即ち書紀では孝徳帝の時代、政府（朝廷）が近畿に畿内を定めて、初めて遷ってきたと書いてあるのです。

どこから来たのでしょうか。この地名の類似から考えて、それは当然のこととして九州の地から遷ってきたのです。「九州」というのは「畿内」とほぼ同義語なのですから。ですから孝徳帝の時代（六四〇年代）、倭国はその都を九州から近畿へ遷したと、書紀に書かれているのです。「九州に都（朝廷）のあった倭国」は「近畿に朝廷のある倭国」となったということです。それはあの白村江の戦いが始まる十九年ほど前のことです。

なぜ遷都したか

倭国が朝廷を九州から近畿に遷した原因と考えられるのは、その支配領域の拡大です。

倭の五王の最後の王「倭王武」の中国南朝「宋」への上奏文で、「東征毛人五十五國、西服衆夷六十六國、渡平海北九十五國」とあり、我が国にいた「倭王武」は「東に毛人の五十五国を征伐して従わせ、西の（宋の）配下である我が国（衆・宋から見て夷）の六十六国はしっかり治め、海を渡って海北の九十五国は平らげ征伐し和睦しております」と言っています。

ですから、倭国王の支配域が東に大きく広がり、又更に北の海を越えた地の九十五国は委任統治（或いは羈縻統治）をしています（著者訳）、と主張しているのです。任那のことです。

時が経ち、孝徳帝の時代、既に直接支配領域が東に拡大していたことと、その後、継体帝の時の穂積臣押山や大伴大連金村達豪族の利権に絡む策動以降、半島に対する倭国の影響力が大きく棄損された（任那の消滅）ことが、朝廷を九州よりも中央に近い近畿に遷す動機になったのではないでしょうか。半島における支配地や利権を失ってしまった我が国としては、列島内の統治に専念するためにも、朝廷を列島のより中心に持ってくる必然性が生まれたものと思われます。しかし、だからといって、九州の地名まで一緒に持ってきたとは思えません。

さて、我々が知る古事記が語る「倭国」の王朝は近畿に昔からあったように書かれています。一方、日本書紀が語る近畿の王朝も「日本国」の王朝で「倭国」ではないのに、やはり昔から近畿にあったと書かれています。倭国が日本国と戦って負けた記録も物証もどこにもありません。古事記と日本書紀では、それぞれ、昔から近畿に「倭国」と「日本国」の朝廷が同居しているのです。

皇統を見ても古事記（推古帝までしかありませんが）と日本書紀では全く同じなのです（古事記の『倭』が日本書紀では『日本』に変わっているだけです）。即ち、倭国がどこかで日本国に替わっているのです。

それでは、その倭国がどうして日本国になったのでしょうか、又、それはいつのことなのでしょうか。更にその結果、地名の類似が起きたとしたら、それはなぜなのでしょうか。

唐の半島経営の失敗と九州からの撤退

高句麗、百済・倭国連合軍を破った唐は六六八年旧高句麗領に安東都護府を置き、その下に九つの都督府を置いて羈縻統治をしました（隋唐帝国：布目潮渢氏・栗原益男氏著）。熊津都督府（旧百済領）、鶏林都督府（新羅領）、筑紫都督府（倭国）などのことでしょう。

しかし、この唐の朝鮮半島経営も長くは続きませんでした。というのも、唐と共に半島の百済、高句麗を滅ぼし、倭の勢力も排除した新羅は、半島統一を目指し、再び軍を起こし唐軍と戦い、六七六年に半島内の唐の軍事拠点、安東都護府とその傘下の旧百済にあった熊津都督府、新羅にあった鶏林都督府等を遼東まで撤退を余儀なくさせたのです（前出、布目潮風氏・栗原益男氏）。新羅は唐軍を追い出し、念願の半島統一を果たしたのです。それはあの白村江の戦の十三年後のことです。

この時、筑紫にあって兵站としても重要だった半島の軍事拠点を失った郭務悰達は、当然九州にあった筑紫都督府からも撤退を余儀なくされたものと思われます。

結果として、我が国に唐の軍隊が駐留していたのは、郭務悰達が進駐してきた六六四年五月から六七六年に唐が安東都護府を平壌から遼東に後退した頃までの十二年間程度と思われるのです。

書紀には、この郭務悰が六七二年（天武元年五月）に天武帝から多くの餞別品を受け取って帰ったとあります。しかし、この記事そのものが潤色の可能性があります。なぜかといえば、この年の同じ書紀の記事によれば、五月、天武帝はまだ大海皇子として天智帝の皇子の大友と壬申の戦いに入る（六月）前で、吉野に隠遁していたと書かれています。

書紀の記述からすれば、そのような大海皇子が九州にいる郭務悰に膨大な貢物など渡せるわけもなく、又そのような余裕がある時期ではないのです。

しかし、日本書紀とすれば、この時に郭務悰たちが撤退したと書かなければならない事情がありました。その事情も実は先の「筑紫の率」問題と同じく「壬申の乱（六七二年六月）の物語」です。

壬申の乱というのは、天智帝の子供の大友皇子と後の天武帝の大海皇子が皇位を争った戦いのことですが、その文章はいかにも戦記物の講談のようで、「歴史」とは異なった感があります。

先ほども述べましたが、この物語の中で大友皇子は筑紫の大宰の栗熊王に与力を依頼する使者を送っています。ですから、この時筑紫に郭務悰たちの唐軍が居ては困るのです（実際には居たと思われます）。そこで無理やりに、この五月に天武帝が貢物を大量に送って郭務悰たちに撤退してもらったことにしなければならなかったのです。壬申の乱の物語を書き終わってから書き足したもののようです。

しかし、天武帝が既に帝位について四年が過ぎた、六七六年の新羅による半島統一の頃なら、天武帝が大量の貢物を差し出し、郭務悰たちが穏便に撤退する道を開くことができたものとも思われます。

三．天武帝による古事記編纂の狙い
「近畿発祥の倭（ヤマト）王朝の創出」

　時代は少し戻りますが、倭国内で天武帝が大友皇子の政府軍を破り帝位についた六七二年頃、先に述べましたように、九州は唐軍の管轄下（占領下）の真っただ中にあったのです。八年近く唐軍が九州を占拠していたと思われるのです。

天智帝さえも唐軍の更なる侵攻を恐れて天智六年（六六七年）三月、都を更に列島の奥の琵琶湖畔の大津まで遷していました。我が国の多くの国民は、我が国が九州を失ってしまったと思っていたに違いありません。しかもそれは倭国発祥の地であり、また数百年間我が国の都があった所なのです。さらに、天智帝のみならず、多くの人々も唐軍が我が国全体を攻撃してこないかと戦々恐々だったことでしょう。

　初めて他国に自国の領土を侵された我が国の人心は大いに乱れ、又、大量の傷病兵や百済、更には九州から逃げてきた人達で、本州以東の我が国が混乱の極みにあったことは想像に難くありません。三十年ほど前に都を九州から近畿に移していたとはいえ、我が国にとって、もちろん九州はかけがえのない象徴的な地域だったのです。「遠の朝廷（みかど）」と詠われてもいます。そんな時に天武帝が我が国の大王になったのです。

おそらくこの頃（六七二年頃）になると、九州の唐軍が更に我が国の東部に侵攻する心配も薄らいできていたと思われ、天武帝は太安万侶に「古事記」編纂を命じたのです。九州を失った我が国の再起を図ったのです。

それは、新たな「倭国」としての活力を生み出すもとになるような近畿中心の「倭国の歴史書」を編纂し、人心を落ち着かせ、国民を鼓舞するためだったと思われます。「古事記」は倭国発祥の地、九州を失った倭国を、もともと近畿にあった「倭国」として再生して記述するために、九州から出てきた神武帝をその始祖とする「新しい皇統」を作り出す作業から始まったものと思われます。天武帝にとって民族意識の高揚は是非とも必要だったのです。

さて、その歴史書のコンセプトは、われわれが手に取って見ることができる古事記を読んでみますと、

1　大和（オホヤマト・奈良）に始まる国である。
2　万世一系の由緒ある国である。
3　未だかつてどこにも朝貢をしていない国である。

が主なものであった可能性が高いのです。

（著者注：この3「かつてどこの外国にも朝貢してこなかった」が古事記の最大のコンセプトです）


他国の支配下に入ることを忌避する思いと、誇り高い倭国の民族意識を高める狙いが強く打ち出されているのです。独立国としてのプライドを示す意図が込められていたようです。ですから、それまでの歴史である中国王朝への朝貢記事を削除すると共に、朝貢した王も皇統から外したのでしょう。

古事記の文章は倭訓を多く採り入れ、倭国人のための優雅な歌物語の体裁を取っていますが、これも、伝統ある「優雅で誇り高い倭国」を演出するためでしょう。

しかし、古事記は、全ての天皇に物語があるわけではなく、仁賢帝以降には物語の記述はありません。又、皇統も推古帝で終わっていて、未完成の観は否めません。更に、ゆがず（瑜伽頌：解脱・自由な状態）や数珠などの仏教用語は散見されるのですが、記事として仏教関連の記述が無いのは、書紀で仏教記事が現れる欽明帝以降に古事記では物語が書かれていないためとも思われるのです。

古事記は未完成のまま放置されたのです。一体なぜでしょうか。

それは先述した通り、九州が我が国に戻ってきたからです。古事記編纂を始めて間もなく（二〜四年後）に事態は大きく変わりました。

その時（六七六年頃）唐軍の下で「筑紫の率」に任じられていたと思われる境部石積は、唐軍の穏やかな撤退に尽力したのでしょう。天武十年（六八一年）石積は封六十戸を賜り又、つむぎ三十匹、錦百五十斤、布百五十端、鍬百口を賜って褒賞されています。

新羅が唐軍を半島から駆逐してくれたおかげで、九州は倭国の領土として復活したのです。おそらく、我が国は一滴の血も流さずに、九州の地を取り戻したようです。

しかし、そうなると、古事記を編纂する目的が薄れ、亦同時に価値も認められなくなったために、その編纂は停止され、結果として四十年近く放置されることとなったようです。

この時、古事記が言う「近畿発祥の中国王朝に朝貢したことのない、倭（やまと）王朝」は幻のように消えてしまったのです。

四．日本国の誕生と日本書紀の編纂
「近畿発祥の日本（ヤマト）王朝の創出」

古事記序文によれば、太安万侶が古事記の提出を求められたのは、天武即位後四十年経った七一一年（和銅四年・元明帝の時）だったのです。

天武帝が稗田阿礼に勅語し、又、「帝紀を書き記し、舊辭をまとめよ」と太安万侶に命じてから四十年近く経った古事記を、慌てて時の政府が提出を求めたのはなぜなのでしょうか。しかも、このような不完全な形での提出を、時の政府は許したのです。

それは、古事記が推古記まで、全ての皇統譜を完成させていたからです。即ち、政府が必要としたコンテンツが「物語」ではなく「皇統譜」の部分だったということです。書紀は、物語の部分を古事記にとらわれることなく、新たに書き起こしてもいるのです。

天武帝は（九州を除いた）近畿中心の新しい「倭国の歴史書」を目指して古事記の編纂を企画していました。

一方、藤原不比等が主導する元明帝の時代、我が国は、白村江の敗戦以来、十年以上、九州を唐軍に占領されていた「敗戦国、倭国」という立場からの脱却を目指し、近畿中心の新しい「日本国の歴史書」を編纂することにしたのです。もちろん九州も含まれています。

それは、粟田朝臣眞人一行が唐に行き、「日本国」として認知されたことを受けての証拠作りのためと思われます。

「敗戦国倭国」からの脱却

戦後復興も落ち着き、国際社会への復帰を考える我が国にとって、如何に「鮮卑族」の国家とはいえ、当時の世界帝国「唐」との交流は欠かせないものです。しかし、戦勝国の

「唐」に対して、敗戦国の当時の「倭国」は様々な交渉で不利となり、いつ鮮卑族の王朝の唐から朝貢を求められるか、或いは国家の自立が損なわれるのではないかという危険性をはらんでいたと思われます。

そこで倭国の政権は新しい日本国を標榜し、敗戦国の倭国を傘下に入れた、と主張することによって、唐の「唐に敗れた倭国」という認識からの脱却を図ったようなのです。天武帝の時の郭務悰等の九州からの撤退を捉えて、後の旧唐書に書かれている「日本が倭国の地を合わせた」という主張を繰り出したものと思われるのです。

旧唐書によれば七〇三年に大臣朝臣真人（粟田真人）が日本から来たという記事があり、それ以来、我が国は国際的に「日本国」と認められたのです。これによって我が国は「唐」と戦って敗戦した「倭国」ではなく、全く別の「倭国を吸収した日本国」として国際舞台に名乗りを上げたのです。「近畿発祥の日本（やまと）国」の誕生です。

その結果、半島の新羅やほかの東南アジア諸国とは一線を画した「独立国日本」として独自の年号を維持し続け、今日の発展の礎《いしずえ》ができたのです。その「近畿発祥の日本国」の裏付けとして準備されたのが「日本書紀」だったようです。

日本書紀編纂の目的

旧唐書によれば七〇三年、我が国は唐の朝廷に対して「日本国」として交流を求めました。

日本国というのは「敗戦国の倭国」とは違う国であると主張したということですから、それを裏付ける歴史書「日本（書）紀」を作る必要があります。その歴史書で「日本国」が「倭国」と違う国であることを強調しなければならなかったのです。

倭国が九州にその拠点を置いていたことは周辺国には周知の事実です。そこで書紀では「日本国」は大昔から近畿を拠点にしていた国とする必要もあったのです。それは、九州を失った我が国の天武帝が考えた、近畿に古くから存在していたとする「近畿発祥の倭（やまと）国」（半島の国には認められないとしても）のコンセプトと一致するもので、そのために古事記編纂に際して考え出された皇統は、同じく九州倭国とは違う新しい国家「日本国」の皇統としても都合良く、そのために採用されることとなったのです。

そこで、この新しい日本国の歴史書「日本書紀」編纂のために、朝廷は太安万侶に急遽古事記の提出を求めたものと思われます。古事記の皇統を日本書紀に生かすためです。安万呂は勅を受けて、僅か三箇月後（七一二年）に古事記を提出しているのです。

もちろん、日本書紀の記述は九州から近畿に遷った「九州発祥の倭国の歴史資料」によるものですが、日本書紀も古事記同様にその性質上、中国大陸と古くから交流していた倭国の、とりわけ中国歴代王朝への朝貢記事を載せるわけにはいきません。何しろ「日本国」は「倭国」ではないのですから。そのため古事記同様に、「倭国」として魏に朝貢した卑弥呼、宋に朝貢した倭の五王、亦隋との交流があったタリシホコの記述は割愛しなければならなかったのです。

アリバイ作り（九州ではないところに存在していた証明）のための記述

一方で、日本国が古くからあったと主張するためには、以前からあったことの証しとして、何らかの交流記事は必要なのです。そこで日本書紀には七〇〇年以前の唐との交流と思われる記述が多々記載されているのです。

しかし、それらをよく読みますと、いずれも唐の歴史書には載りそうもない、あるいは載っているわけがないような記述ばかりです。これらは、博徳の書の引用も含めて、「唐と日本国は以前から交流があった」とするためのアリバイ作りのためだったのです。

例えば、極めつけは小野妹子関連の記事です。

隋に行った妹子を唐に行ったと書いているのです。しかし、それでは唐の朝廷は不審に思うことになるので、まず、唐からの国書は紛失して無いと書いています。これは唐の朝廷から見れば、会っても、出してもいないのですから、天子に会えなかった使者が取り繕ったとも解釈できるのです。

さらに、帰国に際して同行したのは「裴世清」として、肩書を鴻臚寺の掌客（厨房が主な働き場所の人）としています。又、（こちらの方が正しいと思われるのですが）「隋」の文林郎（著述をつかさどる人）の「裴清」（名前も異なっています）は、隋書では妹子と同行してきたのではなく「単独」で派遣されてきたと書かれているのに、書紀では「唐」から来た「裴世清」は「妹子たちと一緒に」来たことになっています。

これでは唐の朝廷がいくら調べてみてもそのような記録（厨房の担当者の行動）が残っ

ているわけもなく、さりとて否定する証拠があるわけでもありません。「へー、そうだったの」程度で終わる話にしています。

高表仁にしても、倭国の王子と争って役目を果たせずに帰国したことを逆手にとって、高表仁を接待したのは、その時まだ倭国とは別の国「日本」だったと言わんばかりの記述をしています。もし日本国が倭国と別の国ならば、高表仁が倭国に来たことなど日本国は全く知らないことなのに、なぜか記述されています（倭国と日本国の官僚が同一だから書けるのです）。

それ以外に書かれている交流記事も、学生や僧が多く、文化交流のようなものばかりです。国書を携えるような交流は一つも書かれていません。

地名の転写

さて、唐に対して「新しい国、日本」を主張した国内対策はどのようなものだったのでしょうか。それは、ベースになる倭国の歴史資料を近畿にあった日本国の歴史資料とするために、多く倭国の歴史書に出てくる地名について、九州と同じものを近畿に作ることだったのです。朝倉中心の地名以外にも、九州の歴史資料に頻出する吉野なども近畿に持ってきています。

　これがこの章の冒頭に述べた、「九州と近畿の地名の類似」を生み出した原因と考えられるのです。

　又、「日本」は「やまと」と読む（書紀の伊弉諾神話の冒頭）と宣言していますので、倭国の人にとっては「倭国（やまと）」が「日本国（やまと）」になっただけで、表記が変わってもほとんどの国民にとって変わったことにはならないのです。

「日本書紀」は「やまとの歴史書」ですから、何の問題もないのです。

　恐らく「評（こほり）」を「郡（こほり）」と漢字表記だけを変えたのも、倭国との違いを唐に見せるためで、自国民に影響が出ないようにしていたものと思われます。

創られた歴史書、古事記と日本書紀

古事記の編纂の目的は、天武帝が初めて他国に領土を侵され（九州を奪われて）混乱した倭国の人心を鎮め、自信と誇りを持たせるためです。

そのために「発祥の地である九州を除いた、近畿発祥の倭国」の新しい神武以降の皇統を作り出したものである、と考えられます。倭国で伝えられていた皇統の前に神武を配し中国と交流していた王たちを外して作ったようです。あくまで倭国としての歴史書です。我が国の人々を鼓舞するための歴史書です。

ですから、「日本国」になった我が国の政府としては、「倭国」を名乗っている「古事記」の存在は消す必要がありました。ですから、古事記の写本が見つかるまでに六百年の長きを要したのです。

一方、日本書紀は白村江での戦いにおける戦勝国「唐」との対等な交渉を行うために敗戦国「倭国」の立場を避けるべく時の政権が考え出した「日本国」を裏付けるための歴史書です。

長く九州にあった「倭国」との違いを出すために「古事記」が作り出した皇統をそのまま活用し、倭国の歴史資料をその作られた皇統に振り分け、その上に中国と倭国の政府間交流を削除して書き記した歴史書である、と思われます。

即ち、唐に見せるための、別の国として創り出した日本国の歴史書だったのです。そして、これらを裏付けているのが、「九州と近畿の地名の類似」という事実なのです。

この結論に立ってみれば、同じ皇統を綴った古事記と日本書紀が、一方の皇統の呼び名が「倭」と書かれ、もう一方が「日本」と書かれている理由も明らかでしょう。

任那に関する知見をあたかも持っていなかったような書きぶりも「倭国」ではないとの主張なのでしょう。

さらに古事記の存在が長く隠されていたのは、古事記がこれらの事情による「幻の近畿発祥の倭国」の歴史書だったことと、日本国発祥のカラクリを国民に知らせないためだったのでしょう。

又、津田左右吉氏（著書「古事記及び日本書紀の研究」）の「古事記は日本語で書かれ、書紀は漢文で書かれている」という主張も前掲の私の結論からすれば、記紀の編纂の目的に合った至極当然のことなのです。古事記は国内向けであり、書紀は唐の朝廷向けだったのですから。

又更に、東京古田会会員の皆川恵子氏から、「源氏物語では日本書紀のことを（かたそばぞかし）と云って馬鹿にしている」、と言う話を聞いていました。それは紫式部が、螢の巻（玉葛ら六条院の女性たち、物語に熱中）の中で、源氏に、「神代より世にあることを 記しおきけるな（名：名目ばかりで実質を伴わないもの）なり。日本紀（書紀）などは ただ「**かたそばぞかし**（片方のまわりのことだけですよね）」 これらこそみちみちしく（いかにも道理にかなっているかのように） 詳しきことはあらめ（詳しく書かれているではありませんか）」

と言わせています。（著者訳）

この文章は「嘘も手慣れた人がいろいろ考えてあれこれ書くと本当に思わされてしまう」という文脈の中でのものです。

この頃（10世紀末）でも、文化人の中には、書紀が、天皇・人皇の時代のことを、全て人皇のこととして虚偽を書いている、と思っている人が沢山いたということでしょうか。

さて、記紀の記述の中にも古事記・日本書紀の編纂の經緯を裏付けている記事があります。

それは「倭國造」の逸話です。

第五章　古事記・日本書紀創作の証拠

一．倭國造とは何？

私は「國造」の考察をしている中で、「倭國造」というのは、その他の「國造」とは全く異なった、特殊の任務を記紀の中で負わされていたことを発見してしまいました。

「倭國造」というのは記紀共に神武の東征物語の最初に登場する人物で、「速吸門」で神武達が出くわした水先案内人を務めた男のことです。

「和名抄」に日本国の当時（10Ｃ頃）の地名が網羅されていますが、そこに「倭国」はもちろんのこと「倭」という地名は存在していませんでした。「倭國造」はどこの「國造」だったのでしょう。もちろん、「國造本紀」にも「倭國造」の名はありません。

実は私は、現在の奈良県が七世紀以降「やまと」と呼ばれていたものと思って、疑問に感じたことはなく、むしろ、九州にあった「やまと」の名を近畿に持ってきたものと思い込み、それ以前の「やまと」はどこだったのかに血道を上げていたきらいがあります。

しかし、面白いことに「和名抄」では、今の奈良県は「大和」と表記されていますが「おほやまと」と仮名を振られているのです。「倭：やまと」ではなく「大倭：おほやまと」が今の奈良県の古称だったのです。

すると、やはり「やまと」というのは古来の「倭国」の呼び名だったようなのです。

「やまと」は我が国の言葉で、古語辞典によれば「やま」は「仰ぎ見る対象・盛んなこと」という意味です。また「と」は「場所」を表す接尾語ですから、「やまと」は「仰ぎ見る盛んなところ」となります。ですから、「やまと」は「偉大な国」という意味で、自分達の国を誇らしくそう呼んでいたのです。今でも「やまと魂」と言って引き継がれているように。

では、そもそも「倭國造：やまとのくにのみやっこ」とは何を意味しているのでしょう。

「倭國造」は「うづひこ」とも言われている水先案内人

記紀共に全ての國造の中で神武帝によって最初に「倭國造」に任命されたとされている槁根津彦：さをねつひこ（書紀は椎根津彦・姓氏録は珍彦（うづひこ））とは一体何者だったのでしょう。

古事記も日本書紀も、「神武東征物語」は、この「最初に神武が任命した倭國造」との出会いから始まっているのです。

記紀共に記述されている「神武の東征」の物語は当時（記紀編纂時）語られていた「何者かが大和（おほやまと：今の奈良県）に侵入しようとした時の物語として存在していたことは事実と私は考えております。

しかも、近畿発祥の「やまと国（古事記の倭国も書紀の日本国も）」を語る上で、九州から来た神武帝（仮称）の存在は欠かせなかったようです。我が国が九州発祥であった証しです。

しかしながら、その東征の経路の中でのこの水先案内人と出会った「速吸門」が記紀で大きく異なっている点については不審とされていましたが、今でも説得力のある説明は見当たりません。

従来、その遭遇場所とされている古事記の「速吸門《はやすいのと》」を古田武彦氏（『古代は輝いていた』Ⅰ〜Ⅲ、朝日文庫）は「鳴門海峡」としています。確かに姓氏録の「うづひこ」の名とも合致しています。そこで、古事記の方が真実に近いのではないかとの主張もあるようです。

姓氏録というのは新撰姓氏録のことで、八一五年に嵯峨天皇の命で編纂された氏族名鑑です。

一方、吉田東伍氏（『大日本地名辞書』冨山房）は日本書紀の「速吸之門《はやすいのと》」を「佐賀関海峡」としており、豊後水道の隘（あい：狭い）門としています。

しかし、冷静に考えてみますと、この物語の中でこの水先案内人の存在の必然性に多いに疑問がわくのです。この登場人物に出会った場所が、「鳴門海峡」と「佐賀関海峡」とに異なっていても、記紀それぞれの神武東征物語は成立しているのですから、「東征」のためにどうしても必要な人間だったとは思えない節があるのです。「東征」のために必要がないとしたら、この水先案内人はどうして登場したのでしょうか。

水先案内人の謎を解く

先ず古事記では、この案内人に遇ったのは筑紫国・安岐国・吉備国を過ぎた後の「速吸門」で河内に入る直前です。これは古田武彦氏が言う「鳴門海峡」で何の疑問の余地がありません。ということは古事記では「槁根津彦」は近畿周辺の人間ということになります。

一方、日本書紀では神武達が「椎根津彦」に出会ったのは、日向から出発してすぐの「速吸之門」で、その後、筑紫国や安芸国を経て河内に入っております。ですからこの「速吸之門」は吉田東伍氏が言う、「佐賀の関海峡」即ち、「豊後水道」でこれも何の問題もありません。ということは、この「椎根津彦」は日本書紀では九州周辺の人間ということになるのです。古事記と日本書紀でこの男の名前が異なっていますが、どちらも「水先案内人」で、「速吸門」で出会い、後に「倭國造」になっていることから同一の役割の人物と見て差し支えないようです。

記紀で「速吸門」の場所がこれだけ異なっていて、即ちその同一人物とみられる水先案内人の出身地が、一方は近畿、もう一方は九州と異なっているのはなぜなのでしょうか。

この一見、不可思議な「相違」を解く鍵が、先に述べました古事記・日本書紀の編纂の目的と經緯の中にあったのです。

即ち、その「記紀の編纂の目的と経緯」で私は、古事記というのは「九州を唐軍に占拠されていた時に帝位に就いた天武帝が、九州以外の列島の我が国の国民を鼓舞するために、占拠されている九州を我が国から分離して、近畿に起源を持つ（倭国）を創出しようと試みた幻の歴史書」と述べています。この古事記が言う「幻の倭国」は近畿発祥（神武が始祖）ですから、倭の國造の第一号が近畿の人間であるのは当然のことです。ここで言う「倭國造」の「倭國」というのは当時（古事記編纂の頃）天武帝が設定した、九州以外の列島の大部分を支配していた「倭国」です（大倭國【現在の奈良県】も含まれています。九州は中国唐の軍勢が占拠していました）。

そして古事記の槁根津彦の注記に「倭國造『等』の祖」）とあります。この「等」が重要なのです。古事記に「國造等」と書かれている意味は、槁根津彦が倭国（近畿中心の幻の倭国）に沢山いる國造の中の最初の人だと書いているのです。何しろ近畿発祥の倭国の國造ですから。

どこの地方の國造かはわかりませんがとにかく最初の國造だと書いているだけなのです。ですからもちろん、古事記の槁根津彦は近畿の人なのです。

一方旧唐書では、白村江の戦いの後に「倭国」を併呑《へいどん》したと「日本国」が主張したとしていますから、唐軍と戦ったのは「倭国」です。この「倭国」とは、本来は九州で誕生して版図を広げ、孝徳帝の時に近畿に都を遷したと日本書紀に書かれている実際の「やまと（倭国）」のことです。

そこで、先の仮説を見てください。私は、日本書紀は「日本国」が以前から列島内に存在していたという、唐への主張の裏付けのために作られた歴史書としています。ですから、この「椎根津彦」を「倭の國造」にしたという記述は、「倭国」を本来の「倭国」とは定義を変えて、「九州或いは筑紫島」に矮小化して、その「倭国」の「造：みやっこ（王の守護職）」として神武が認めたのだと主張していることに気がついたのです。

どういうことかというと、この「椎根津彦」を「倭國造：倭のくにのみやっこ」として、当時の「唐に敗れた倭国王の先祖」に模していることです。この記述で日本書紀は「倭国（九州のみ）」を、大昔は「日本国」の臣下の国だったとしているのです。

日本書紀は「神武帝」によって近畿で始まった「日本国」の立場で書いていて、日本国の初代天皇の時から「倭国（九州のみ）」と「日本国」は別の国だとしていたのです。

その倭国（九州のみ）が大唐と戦って敗れ、唐軍に占拠されていたと暗に唐に言っているのです。ですから、唐軍が去った後に、その倭国（九州のみ）を日本国が吸収合併したと唐に主張できたのです。

日本書紀の神武東征の出発の舞台は日本書紀が、「九州にのみ在った」ことにした倭国です。日本書紀では「倭国（やまと）」と共に「日本国（やまと）」は大昔から列島内に併存していたと書いています。そこで、この物語の案内人を「倭國造（即ち九州のみの倭国王）」に任命していますから、彼が九州の人間というのは当然の記述なのです。日本書紀が言う椎根津彦は九州の人でなければならなかったのです。

即ち、「古事記」は「倭国」が近畿をその出発点とした国であると主張するためにこの水先案内人を登場させ、その功績から多くの「國造」達の最初に任命した男だとしたのです。

一方、「日本書紀」は「倭国（九州のみ）」が昔は「日本国」の配下の国だったと主張するためにこの水先案内人を登場させ「倭國造」に任命して見せたのでした。

蛇足ですが、「古事記」は雄略記で雄略帝が自身のことを倭国王と公言している通り「倭国」の歴史書です。一方、「日本書紀」は「日本国」の歴史書とされています。それなのに、その二つの異なった国の歴史書に記載されている皇統が全く一緒という矛盾があります（記紀は皇統を「倭」と「日本」に書き分けていますがどちらも「やまと」と読ませています）。そこで「日本書紀」を編纂した「時の政権」はその矛盾を隠すために「古事記」の方は長く秘匿せざるを得なかったのです。

この「時の政権」が秘匿した矛盾を説明するには、私の「日本国の誕生・記紀編纂の目的と經緯」が有力な仮説であると言わざるを得ないと思うのです。

このように記紀で異なる神武帝の東征物語の舞台回しを「倭國造」の考察から説明できることで、仮説である「記紀編纂の目的と経緯」の信憑性の一端が裏付けられていたことを発見できたのは幸運でした。

古事記・日本書紀の記述が示す「倭國造の出身地の違い」と「速吸門の位置の違い」は「記紀編纂の目的の違い」を如実に示していたのです。

エピローグ

以上、古墳時代以降、八世紀までの我が国を概観したことにより、卑弥呼の時代から連綿と続いてきた我が国の王統譜は、古事記の創作により大きく改変されて現在に到っていることが明らかになりました。

又、現在の皇室に対する畏敬の念はその多くが、明治政府による統治政策の一環として形作られたものが大であったようにも思われます。

一方で、文武天皇や藤原不比等達による我が国の舵取りは、我が国の独立性を勝ち得たという意味において大きく賞賛されるべきものと言わざるを得ません。

対唐政策として当時の政府が流した「フェイク」は我々祖国のためであり、「フェイク」だったとして非難されるべきものではないと私は考えます。一方で、現在の政府が流す「フェイク」はそれぞれの立場の為政者達の「自己保身」のための「フェイク」であることを考えると心寂しい気がいたします。

政治家が八世紀の為政者の心意気を見習い、官僚が「十七条憲法」の精神を踏襲することこそが、我が国の明るい未来を約束することになるのでしょう。

本書は私の約十六年間の「研究テーマとそのたどり着いた先」をつなぎ合わせたものです。一応「読み物」にするべく努力はしたのですが、その性質上煩雑になっていたり、また、強調の余り、重複して述べたりして、くどく感じられたところもあったと思います。「僕の古代史」と銘打ってはみましたが、どこまで古代史が解明できたのか、読者の皆様がうなずける内容なのか、単なる自己満足に終わっているのではないか等、不安は尽きません。

卑弥呼を共戴していたとされている連合王国の中から出たと思われる、「倭の五王」と言われている王朝の大王が、我が国を國造による地方分権的国家としてまとめ上げたと結論づけました。

その王朝は前方後円墳を介して國造等に忠誠を誓わせ、又、「やまと（偉大な国）」という言葉を、アイデンティティーを担保するための我が国の名として徹底させるという、独特な手法により約三百五十年の長きにわたり統一を維持したのです。

その後期には、蘇我氏の台頭による百年に及ぶ二頭政治の中から、中央集権化が進みましたが、中大兄（天智帝）の時代の唐との戦いに敗れたことから、古事記・日本書紀という謎多き歴史書が意図的に創作されたために、我が国の古代をわかりにくくしてしまったのです。

稲作伝来以来の我が国の経済基盤の変遷と、各地に展開していた里単位の小集団を地方分権国家としてまとめ上げた大王の時代が、蘇我氏主導の律令的中央集権国家へと政治的に変貌していく姿を描けたかなと思います。その後の、唐との戦いに敗れた我が国の外交戦略を解き明かすことで、わかりにくい古事記・日本書紀の位置づけを明確にすることもできたと思います。

この度、本書を書き上げてみて、わかりにくい我が国の古代の、特に古墳時代から奈良朝にかけての我が国の実態に「少し近づけた感」が私にはあり、私なりに満足しております。

本書の編集に際しましては、多くのアドバイスとアイデアをいただいた並木楓氏に深く感謝すると共に、本書が出版できましたのも、幻冬舎の方々の努力のたまものと感謝いたしております。

読者の皆様には、最後までお読み頂き感謝申し上げます。

２０２３年８月

【参考表】

和名抄の國名	和名抄の郡名	國造など	前方後円墳の一例	備考
山城	久世等	山城國造	竪穴・5C前半、久津川車塚古墳（180）	
大和	添上	春日縣主	竪穴・4C末、佐紀陵山古墳（207）	
	葛木等	葛木國造	竪穴・5C前半、室宮山古墳（238）	
	宇陀	猛田縣主	？・4C末、五社神古墳（275）	
	城上・下	磯城縣主	？・3C後半、箸墓古墳（276）	
	十市	＊十市縣主	？・6C初頭、黒田大塚（70）	筑紫からか
	山邊	鬪鶏國造	？・4C中、渋谷向山古墳（300）	
河内	河内等	凡河内國造	竪穴・5C前半、誉田山古墳（425）	
摂津	西成等	河内三野縣主	横穴・6C前半、今城塚古墳（190）	
伊賀	伊賀等	伊波國造	竪穴・5C前半、御墓山古墳（180）	
伊勢	鈴鹿等	伊勢國造	竪穴・5C後半、王塚古墳（63）	
志摩	答志	島津國造？	横穴・？、泊古墳（32・4）	
尾張	中島等	尾張國造	横穴・6C後半、小幡茶臼山古墳（60）	
	海部	嶋田國造	横穴・6C前半、断夫山古墳（151）	
三河	額田等	三河國造	？・5C後半、太夫塚（36）	
	寶飯	穗國造	？・5C中、船山古墳（94）	

和名抄の國名	和名抄の郡名	國造など	前方後円墳の一例	備考
遠江	濱名等	遠淡海國造	竪穴・4C末、赤門上古墳（56・3）	
	佐野郡	素賀國造	竪穴・5C初頭、各和金塚古墳（66・4）	
	山名	久努國造	竪穴・4C後半、松林山古墳（107）	
駿河	駿河	珠流河國造	竪穴・3C前半、高尾山（辻畑）古墳（62）	
	廬原他	廬原國造	?・4C末、浅間古墳（100）	
伊豆	田方等	伊豆國造	?・?、駒形古墳（27m以上）	
甲斐	八代等	甲斐國造	竪穴・4C後半、甲斐銚子塚古墳（169）	
相模	高座等	相武國造	?・5C後半、地頭山古墳（70）	
	餘綾	師長國造	?・6C中、久野1号古墳（39）	
武蔵	荏原	无邪志國造	竪穴・5C中、芝丸山古墳（112）	
	埼玉	秩々夫國造	竪穴・5C後半、稲荷山古墳（120）	
安房	安房等	阿波國造	竪穴・4C後半、北ノ作2号墳（30）	
	長狭	長狭國造	横穴・5C後半、本郷上ノ岱3号墳（35）	
上総	市原	菊麻國造	竪穴・5C中、二子塚（110）	
	望唈マフタ	馬来田國造	?・4C後半、飯籠塚古墳（102）	
	海上	上海上國造	?・7C前半、御前鬼塚古墳（80）	
	周淮	須恵國造	竪穴・5C中、内裏塚古墳（144）	
	武射	武社國造	横穴・7C中、大堤権現塚古墳（115）	

参考表

和名抄の國名	和名抄の郡名	國造など	前方後円墳の一例	備考
	夷灊	伊甚國造	竪穴・４Ｃ末、油殿１号墳（93）	
下総	千葉	千葉國造	?・５Ｃ前半、大覚寺山古墳（62）	
	印旛	印旛國造	?・５Ｃ後半、山埼ひょうたん塚古墳（40）	
	相馬	布佐國造	竪穴・５Ｃ中、水神山古墳（69）	
	海上	下海上國造	竪穴・５Ｃ中、三ノ分目大塚山古墳（123）	
常陸	新治	新治國造	竪穴・５Ｃ後半、舟塚山古墳（186）	
	筑波等	筑波國造	竪穴・５Ｃ初頭、常名天神塚古墳（70）	
	茨城	茨城國造	竪穴・５Ｃ末、水戸愛宕山古墳（137）	
	那珂	仲國造	竪穴・５Ｃ中、権現山古墳（87）	
	久慈	久慈國造	?・５Ｃ中、梵天山古墳（151）	
常陸	多珂	高國造	?・７Ｃ前半、赤浜１号古墳（23）	
	多珂	道口岐閉國造	?・６Ｃ後半、琵琶墓古墳（43）	
陸奥	行方	浮田國造	竪穴・４後半、桜井古墳（74・5）	
近江	滋賀等	淡海國造	竪穴・５Ｃ中、王塚古墳（56）	
	野洲	安國造	竪穴・５Ｃ前半、大塚山古墳（90）	
美濃	賀茂	木蘇國造	竪穴・４Ｃ後半、長塚古墳（72）	
	池田	額田國造	竪穴・４Ｃ末、亀山古墳（98・2）	
	本巣	本巣國造	?・５Ｃ中、中八幡古墳（45）	

和名抄の國名	和名抄の郡名	國造など	前方後円墳の一例	備考
	方縣	三野前國造	?・５Ｃ中、琴塚古墳（115）	
	各務	三野後國造	竪穴・４Ｃ末、坊の塚古墳（120）	
	武藝ムケ	牟義都國造	?・３Ｃ初頭、美野観音寺古墳（20・5）	
飛騨	荒城	斐陀國造	竪穴・４Ｃ末、三日町大塚古墳（70）	
信濃	伊那	伊奈國造	竪穴・４Ｃ中、代田山狐塚古墳（45）	
	諏訪	諏訪國造	横穴・６Ｃ後半、下諏訪清塚古墳（75）	
	埴科	科野國造	竪穴５Ｃ前半、倉科将軍塚（78）	
上野	緑野等	上毛野國造	竪穴・４Ｃ末、浅間山古墳（171・5）	
下野	芳賀等	下毛野國造	横穴・６Ｃ後半、吾妻古墳（127・8）	
	那須	那須国造	竪穴・４Ｃ中、駒形大塚古墳（60・5）	
陸奥	白河	白河國造	竪穴・６Ｃ後半、下総塚古墳（71・8）	
陸奥	磐瀬	石背國造	竪穴・４Ｃ後半、会津大塚山古墳（114）	
	安積	阿尺國造	竪穴・４Ｃ後半、大安場古墳（83）	
	磐城等	石城國造	竪穴・４Ｃ末、雷神山古墳（168）	
	菊多	道奥菊多國造	竪穴・４Ｃ後半、玉山古墳（114）	
	標葉	染羽國造	竪穴・?、狐塚（46）	
	伊具亘理	伊久國造	?・５Ｃ中、長泉寺４号墳（60）	
	色麻	思國造	竪穴・５Ｃ中、石ノ梅古墳（60）	

和名抄の國名	和名抄の郡名	國造など	前方後円墳の一例	備考
	玉造等	信夫國造	竪穴・4C中、青塚古墳（110）	
出羽	出羽等	出羽國造	竪穴・4C前半、南森古墳（150）	
若狭	遠敷等	若狭國造	?・4C末、上ノ塚古墳（100）	
越前	敦賀等	角鹿國造	竪穴・4C末、立洞2号古墳（24・5）	
	三国	三国國造	?・4C後半、六呂瀬山1号墳（147）	
加賀	江沼	江沼國造	竪穴・5C後半、狐山古墳（56）	
	加賀等	加我國造	竪穴・4C後半、秋常山1号墳（140）	
能登	能登等	能登國造	竪穴・5C後半、高木森古墳（58・2）	
	羽咋	羽咋國造	?・4C中、小田中親王塚古墳（72）	
越中	射水	伊彌頭國造	竪穴・4C前半、柳田布尾山古墳（107・5）	
越後	古志等	高志國造	竪穴・6C後半、保内三王山古墳（37・5）	
	頸城	久比岐國造	?・?、吉井行塚古墳（32）	
佐渡	3郡	佐渡國造	＊＊（横穴・?青木蝦夷ヶ平古墳?）	円墳
丹波	丹波等	丹波國造	竪穴・5C中、雲部車塚古墳（140）	
但馬	朝来等	但遅麻國造	?・5C前半、池田古墳（140）	
但馬	二方	二方國造	横穴・6C後半、二方古墳（10）	円墳
因幡	法美等	稲葉國造	?・5C後半、大熊段古墳（50）	
伯耆	久米等	伯岐國造	?・4C末、三崎殿山古墳（108）	

和名抄の國名	和名抄の郡名	國造など	前方後円墳の一例	備考
出雲	出雲等	出雲國造	横穴・6C中、薄井原古墳（50）	
	雲南	須佐國造	竪穴・?、神原神社古墳（30）	
石見	那賀等	石見國造	竪穴・5C後半、神庭岩船山古墳（48）	
隠岐	4郡	意岐國造	横穴・6C後半、平神社古墳（46）	
播磨	明石	明石國造	竪穴・4C後半、五色塚古墳（194）	
	印南等	針間國造	竪穴・5C前半、檀場山古墳（143）	
	賀茂	針間鴨國造	竪穴・5C前半、玉丘古墳（109）	
美作	勝田等	美作國造	竪穴・5C中、龍王塚古墳（70）	
備前	邑久	大伯國造	竪穴・4C後半、花光寺山古墳（100）	
	御野	三野國造	竪穴・4C末、神宮寺山古墳（150）	
	上道	上道國造	竪穴・5C初頭、湊茶臼山古墳（120）	
備中	賀夜	加夜國造	?・5C前半、造山古墳（350）	
	賀夜	笠臣國造	竪穴・4C後半、尾上車山古墳（138・5）	
	後月	吉備中縣國造	竪穴・4C前半、井原1号墳（43）	
	下道	下道國造	竪穴・5C後半、天狗山古墳（70）	
備後	安那	吉備穴國造	竪穴・5C中、双つ塚古墳（60）	
	品治	吉備品治國造	竪穴・5C前半、松本古墳（62）	
安藝	高田	阿岐國造	竪穴・4C後半、甲立古墳（77・5）	

和名抄の國名	和名抄の郡名	國造など	前方後円墳の一例	備考
	沼田	沼田國造	竪穴・５Ｃ前半、三ッ城古墳（92）	
周防	熊毛	周防國造	竪穴・５Ｃ前半、白鳥古墳（１２０）	
	都濃	都怒國造	竪穴・５Ｃ前半、神花山古墳（30・３）	
	玖珂	大島國造	竪穴・４Ｃ末、柳井茶臼山古墳（90）	
	吉敷	波久岐國造	竪穴・５Ｃ後半、大内氷上古墳（28）	
	佐波	佐波縣主	横穴・６Ｃ後半、車塚古墳（60）	
長門	阿武	阿武國造	横穴・６Ｃ中、狐塚古墳（35）	
	豊浦	穴門國造	竪穴・４Ｃ後半、仁馬山古墳（75）	
紀伊	名草等	紀（伊）國造	横穴・６Ｃ前半、大日山35号墳（86）	
	牟婁	熊野國造	竪穴・４Ｃ末、下里古墳（60）	
	淡路	淡道國造	横穴・６Ｃ後半、西山北古墳（15）	円墳
阿波	阿波等	粟國造	竪穴・５Ｃ前半、渋野丸山古墳（１０５）	
	那賀	長國造	竪穴・４Ｃ後半、国高山古墳（50）	
讃岐	寒川等	讃岐國造	?・５Ｃ前半、富田茶臼山古墳（１３９）	
伊豫	伊豫等	伊余國造	横穴・６Ｃ中、波賀部神社古墳（62）	
	濃滿	怒麻國造	竪穴・３Ｃ後半、妙見山古墳（55・２）	
	風早	風早國造	竪穴・４Ｃ後半、櫛玉比売命神社古墳（75）	
	久米	久味國造	?・５Ｃ後半、経石山古墳（48・５）	

和名抄の國名	和名抄の郡名	國造など	前方後円墳の一例	備考
土佐	土佐	都佐國造	横穴・６Ｃ後半、小蓮古墳（22・28）	墳形未詳
	幡多	波多國造	横穴・６Ｃ中、田の口古墳（?）	墳形未詳
筑紫	筑紫25郡	筑紫國造	竪穴・３Ｃ中、那珂八幡古墳（86）	
	糸島市	いと縣主	竪穴・４Ｃ後半、一貴山銚子塚古墳（１０３）	
	鞍手郡	十市縣主	?・５Ｃ前半、高野剣塚古墳（62）	
	遠賀郡	岡縣主	?・４Ｃ前半、島津丸山古墳（56・５）	
	三猪郡	水沼縣主	竪穴・４Ｃ初頭、祇園山古墳（25）	
豊前	16郡	豊國造	竪穴・３Ｃ末、石塚山古墳（１３０）	
	宇佐	宇佐國造	竪穴・４Ｃ末、入津原丸山古墳（77）	
豊後	海部	比多國造	竪穴・５Ｃ中、亀塚古墳（１１６）	
	大分	大分國造	竪穴・４Ｃ中、蓬莱山古墳（60）	
	國埼	國前國造	?・３Ｃ末、小熊山古墳（１１６・５）	
肥前	三根	筑紫米多國造	?・５Ｃ中、中津隈宝満神社古墳（36）	
	神崎	嶺縣主	?・４Ｃ末、銚子塚古墳（98）	
	松浦	末羅國造	竪穴・４Ｃ中、久里双水古墳（１０８・５）	
		松津國造	竪穴・４Ｃ末、岳崎古墳（60）	
	藤津	藤津國造	竪穴・５Ｃ前半、矢ノ浦古墳（37）	
肥後	阿蘇	阿蘇國造	竪穴・４Ｃ末、長目塚古墳（１１１・５）	

和名抄の國名	和名抄の郡名	國造など	前方後円墳の一例	備考
	八代	火國造	横穴・6C前半、中ノ城古墳（102）	
	葦北	葦北國造	横穴・6C後半、高取上の山古墳（77）	
	天草	天草國造	＊＊（竪穴・横、6C末、鬼塚古墳（7・5））	円墳
日向	兒湯	日向國造	竪穴・4C後半、西都原13号墳（79・4）	
大隅	大隅等	大隅國造	竪穴・4C末、唐仁大塚古墳（140）	
	曾於	襲國造	?・5C中、横瀬大塚古墳（129）	
薩摩	薩摩	薩摩國造	横穴・7C初頭、加世堂古墳（8・4）	
壹岐	壹岐	壱岐國造	横穴・6C後半、双六古墳（91）	
対馬	下縣	下縣國造	竪穴・4C後半、出居塚古墳（40）	
		（151人）		（6ヶ所）

【著者プロフィール】

橋本 正浩（はしもと まさひろ）

1942年東京生まれ。

慶應義塾大学工学部機械工学科卒。

民間会社を退職後65歳から古代史研究を開始。

現在「東京古田会（古田武彦氏の古代史を学ぶ会）」会員。

僕《ぼく》の古代史《こだいし》　我《わ》が国《くに》の真実《しんじつ》を追《お》う

2023年8月25日　第1刷発行

著　者　　橋本正浩
発行人　　久保田貴幸

発行元　　株式会社 幻冬舎メディアコンサルティング
〒151-0051　東京都渋谷区千駄ヶ谷4-9-7
電話　03-5411-6440（編集）

発売元　　株式会社 幻冬舎
〒151-0051　東京都渋谷区千駄ヶ谷4-9-7
電話　03-5411-6222（営業）

印刷・製本　中央精版印刷株式会社
装　丁　　村上次郎

検印廃止

Printed in Japan
ISBN 978-4-344-94579-1 C0021
幻冬舎メディアコンサルティングＨＰ
https://www.gentosha-mc.com/